हिन्दी कविता

आदिकाल, मध्यकाल, आधुनिककाल

अ
अक्षर
प्रतियोगी पुस्तकें

हिन्दी कविता

आदिकाल, मध्यकाल, आधुनिककाल

संकलन

डॉ. नीलम सिंह

शैलेश कुमार

राधाकृष्ण प्रकाशन

ISBN : 978-81-19092-50-5

अ अक्षर
प्रतियोगी पुस्तकें

हिन्दी कविता

आदिकाल, मध्यकाल, आधुनिककाल

पहला संस्करण : 2023
पहला संस्करण : 2025

मूल्य : ₹195

प्रकाशक
राधाकृष्ण प्रकाशन प्राइवेट लिमिटेड
जी-17, जगतपुरी, दिल्ली-110 051

शाखाएँ : अशोक राजपथ, साइंस कॉलेज के सामने, पटना-800 006
पहली मंजिल, दरबारी बिल्डिंग, महात्मा गांधी मार्ग, प्रयागराज-211 001
1, अनमोल सोराबजी सन्तुक लेन, धोबी तलाव, मरीन लाइंस, मुम्बई-400 002
वेबसाइट : www.radhakrishnaprakashan.com
ई-मेल : info@radhakrishnaprakashan.com

मुद्रक
बी.के. ऑफ़सेट
नवीन शाहदरा, दिल्ली-110 032

HINDI KAVITA

Aadi Kal, Madhya Kal, Aadhunik Kal

Compilation by Dr. Neelam Singh, Shailesh Kumar

क्रम

भूमिका

लोक सेवा आयोग की परीक्षा में हिन्दी का विषय के रूप में चयन न केवल हिन्दी साहित्य के औपचारिक विद्यार्थियों वरन् अन्य विषयों के विद्यार्थियों के मध्य अत्यन्त लोकप्रिय रहा है। इसका एक कारण हिन्दी का हमारी मातृभाषा होना है। पहली कक्षा से दसवीं कक्षा के मध्य हिन्दी एक सामान्य विषय के रूप में प्राय: सभी विद्यार्थियों के लिए अनिवार्य होती है जिसका एक स्वाभाविक परिणाम होता है। हिन्दी साहित्य के प्रमुख लेखकों एवं रचनाओं की सामान्य जानकारी। शायद ही कोई हो जिसे कबीर, सूर, तुलसी या बिहारी के विषय में थोड़ी-बहुत जानकारी न हो। ऐसे में जब विषय के विशेषत: अन्य विषयों के विद्यार्थियों के लिए दूसरे विषय के चुनाव की बात आती है तो हिन्दी एक विशेष महत्त्व के साथ सामने आती है। परन्तु जब विषय का चुनाव कर लिया जाता है तो सामग्री संकलन एक बड़ी बाधा होती है। न केवल उनके लिए जिन्होंने हिन्दी को एक विषय के रूप में नहीं पढ़ा है बल्कि उनके लिए भी जो हिन्दी साहित्य के औपचारिक विद्यार्थी रहे हैं। इसका कारण है लोक सेवा आयोग का विशिष्ट पाठ्यक्रम। इस समस्या को मैंने तब भी महसूस किया था जब आज से सत्ताईस वर्ष पूर्व मैंने सिविल सेवा में एक विषय के रूप में हिन्दी का चुनाव किया था एवं आज भी महसूस करता हूँ जब मेरी धर्मपत्नी जो दिल्ली विश्वविद्यालय के हिन्दू कॉलेज में हिन्दी का अध्यापन करते समय प्रत्येक सत्र में नए पाठ्यक्रम के लिए अलग-अलग किताबों से चुनकर अंश इकट्ठा करती हैं। हम दोनों के इस आकलन ने ही इस किताब के विचार को जन्म दिया। अशोक महेश्वरी जी न केवल एक प्रकाशन समूह के संचालक हैं वरन् अत्यन्त दूरदर्शी अन्वेषक भी हैं। वे समय की नब्ज जानते हैं एवं विद्यार्थियों की आवश्यकताओं के प्रति विशेष जागरूक हैं।

इस किताब में आपको राजस्थान लोक सेवा आयोग के पाठ्यक्रम के कविता खंड का सांगोपांग विवरण एक साथ उपलब्ध कराया जा रहा है। इसका मूल्यवर्द्धन करने हेतु प्रत्येक लेखक का सामान्य परिचय भी संलग्न है। कुछ अध्यायों में लेखक की विशिष्टता को उजागर करने वाले अथवा उनके

साहित्य के किसी एक पक्ष पर विचार करते हुए परिचय के साथ ही कुछ आलोच्य चर्चा भी कर दी गई है। पुस्तक का मूल उद्देश्य आपको टेक्स्ट या पाठ से परिचित कराना है। इसमें परिमार्जन की सम्भावना से इनकार नहीं है; परन्तु अभी के लिए इतना ही।

पुस्तक में किसी बेहतरी के लिए आप प्रकाशक महोदय अथवा हमें सीधे मेल से (irsshailesh@yahoo.com) या (neelam91975@gmail.com) पर सम्पर्क कर सकते हैं। यदि आपकी सफलता में इसमें से रत्ती भर भी सहायता मिली तो संकलन का श्रम सार्थक माना जाएगा।

—आपका शुभेच्छु

नीलम एवं शैलेश

आदिकाल, मध्यकाल

चन्दबरदाई

हिन्दी साहित्य को अपनी अक्षय साहित्य कीर्ति से समृद्ध करने वाले चन्दबरदाई को आचार्य रामचन्द्र शुक्ल ने हिन्दी का प्रथम महाकवि और उनकी कृति 'पृथ्वीराज रासो' को हिन्दी का प्रथम महाकाव्य माना है। वे दिल्ली नरेश पृथ्वीराज चौहान के समकालीन, उनके सामन्त और राजकवि थे। इनके जन्मकाल के सम्बन्ध में कई धारणाएँ हैं। इनके गौरव ग्रंथ 'पृथ्वीराज रासो' के अनुसार, ये भट्ट जाति के जगात नामक गोत्र के थे। इनके पूर्वजों की भूमि पंजाब थी, जहाँ लाहौर में इनका जन्म हुआ 'बलिभद्र सु नागौर चन्द उपज्जि लाहौर' (आदि समय, छन्द 103) चन्दबरदाई के जीवन का अधिकांश समय पृथ्वीराज चौहान के साथ दिल्ली और अजमेर में व्यतीत हुआ। ऐसा माना जाता है कि दोनों का जन्म एक ही दिन हुआ और दोनों की मृत्यु भी एक ही दिन हुई। मुहम्मद गोरी द्वारा पृथ्वीराज चौहान को बन्दी बनाकर जब अपने देश गजनी ले जाया जा रहा था तो चन्द भी उनके साथ गया था। चन्द के चार पुत्रों में जल्हण अत्यन्त गुणज्ञ और विद्वान होने के साथ-साथ कवि भी था। गजनी जाते समय चन्द ने अपने पुत्र जल्हण (जल्ल) को 'पृथ्वीराज रासो' सौंपा था। इस विषय में उक्ति भी प्रसिद्ध है, 'चलि गज्जन नृप काज'।

चन्दबरदाई बहुज्ञ विद्वान, षड्भाषा प्रवीण, वीर, दूरदर्शी और प्रतिभाशाली स्वामिभक्त कवि थे। माना जाता है कि इन्हें अत्यन्त सिद्धियाँ प्राप्त थीं। सम्भवत: दूरदर्शी और कुशल परामर्शदाता होने के कारण ही यह भविष्यवाणी और अदृश्य को समझने की कला में माहिर थे। कलम और तलवार, दोनों में दक्ष चन्द के बारे में 'रासो' में कहा गया है :

कृपान हत्थ चन्दयं सुरग्गदेव बछयं।
झरन्त मीर अग्गयं निकट्ट तट्ट गंगयं॥

चन्दबरदाई की अक्षय कीर्ति और अगाध ज्ञान का आधार और प्रमाण 'पृथ्वीराज रासो' युगीन देश काल, समाज, सामन्ती जीवन एवं तत्कालीन वातावरण के सजीव चित्र प्रस्तुत करने वाला चरित-काव्य है, महाकाव्य है और रासो काव्य भी। काव्य वैभव, तथ्य और कल्पना के मणिकांचन योग, रासो काव्य ग्रंथों की कथानक रूढ़ियों

के वैशिष्ट्य के चूड़ान्त निदर्शन, शृंगार और वीरता के अद्भुत समन्वय पृथ्वीराज चौहान के जीवन की जीवन्त झाँकी तथा जय-पराजय आदि विविध अनुभूतियों, विचारोक्तियों और अभिव्यक्तियों के कारण यह काव्य महाकाव्यों में विलक्षण स्थान रखता है। 'पृथ्वीराज रासो' के चार संस्करण प्रसिद्ध हैं। प्रामाणिकता-अप्रामाणिकता के तर्कों एवं शोध कार्यों के उपरान्त स्पष्ट है कि विभिन्न क्षेपकों एवं प्रक्षिप्तांशों के कारण इसका स्वरूप अवश्य परिवर्तित हुआ है, किन्तु यह काव्य ग्रंथ हिन्दी साहित्य का प्रथम एवं उत्कृष्ट संकलनात्मक महाकाव्य है, इसकी वर्णन शैली और काव्य-सौन्दर्य इतना प्रभावोत्पादक था कि कर्नल टॉड ने इसके 30,000 छन्दों का अंग्रेज़ी में अनुवाद भी किया।

एक विशालकाय ग्रंथ के रूप में 'पृथ्वीराज रासो' महाकाव्य के सभी गुणों से ओत-प्रोत है। विभिन्न उत्सवों के वर्णन से लेकर, युद्ध की तैयारियों, युद्ध क्षेत्र के वर्णन, शकुन-अपशकुन के वर्णन, दावत एवं सहभोज के वर्णन, आचार-विचार के वर्णन, उल्लास-विलास, पराक्रम-विजय के वर्णनों को देखते हुए कहा जा सकता है कि यह काव्य एक घटना-कोश है। युद्ध क्षेत्र के दृश्यों में तो कवि की अद्भुत प्रतिभा और अपूर्व कलात्मक अभिरुचि दिखाई देती है। युद्ध की टंकार इस 'रासो' ग्रंथ को ही रणक्षेत्र बना देती है। चन्दबरदाई के इस ग्रंथ में युद्धोत्साह का बहुत मार्मिक और सजीव चित्रण आद्यन्त प्रवाहित दिखाई देता है। इसकी सजीवता और मार्मिकता का आधार कवि की स्वानुभूति है क्योंकि चन्द स्वयं भी पृथ्वीराज के साथ युद्धस्थल में विद्यमान रहते थे। इसीलिए 'पृथ्वीराज रासो' में युद्धों का सजीव चित्रण मिलता है।

यद्यपि 'पृथ्वीराज रासो' एक युद्धप्रधान वीरकाव्य है, किन्तु इसमें शृंगार रस की भी अत्यन्त मार्मिक व्यंजना मिलती है। शृंगार के संयोग और वियोग दोनों पक्षों का मनोरम और भव्य चित्रण मिलता है। कवि ने नख-शिख वर्णन और षट्ऋतु वर्णन भी अत्यन्त मनोयोग से किया है। 'पृथ्वीराज रासो' में छन्दों का वैविध्य समुद्र की तरह ठाठें भी मारता है। लगभग अड़सठ छन्दों का प्रयोग इस महाकाव्य में हुआ है। चन्दबरदाई ने जहाँ श्लोक, साटक और भुजंगप्रयात इत्यादि वार्णिक छन्दों की सृष्टि कर संस्कृत की छन्द परम्परा का अनुसरण किया, गाहा और रोला इत्यादि छन्दों के प्रयोग से प्राकृत की छन्द परम्परा का निर्वाह किया, वहीं उनकी सर्वोत्कृष्ट उपलब्धि चार रोला और दो उल्लाला के पदों को मिलाकर प्रयुक्त किया गया 'छप्पय छन्द' है। कवि चन्द के छप्पय जितने सरस, स्वाभाविक, प्रभावोत्पादक एवं वीररसपूर्ण हैं, उतने सम्भवत: किसी भी वीरकाल प्रणेता के छप्पय नहीं हैं। विद्वानों ने चन्द को 'छप्पय का सम्राट्' कवि घोषित किया है।

षट्भाषाओं के ज्ञाता चन्द ने इस महाकाव्य में हिन्दी के आदिकाल की उस भाषा का प्रयोग किया है जिस पर एक तरफ संस्कृत, प्राकृत, अपभ्रंश इत्यादि का

प्रभाव है तो दूसरी तरफ अपभ्रंश से आगे बढ़कर एक स्वतंत्र भाषा का प्रयोग भी दृष्टिगोचर होता है। डिंगल और पिंगल, दोनों ही भाषा शैलियों के सम्मिश्रण से 'पृथ्वीराज रासो' की भाषा में न केवल ओजस्विता है, हुंकार है, टंकार है, जोश है बल्कि कोमलता और मधुरता भी समानान्तर प्रवाहित है।

इसलिए 'पृथ्वीराज रासो' केवल भारतीय साहित्य का ही एक अप्रतिम एवं महत्त्वपूर्ण काव्य-ग्रंथ नहीं है अपितु विश्व साहित्य का वीर और श्रृंगार रस के अभूतपूर्व योग का अद्भुत ग्रंथ है।

पृथ्वीराज रासो
(पद्‌मावती समय)

अथ पद्‌मावती समय लिख्यते
(बीसवाँ समय)

पूर्व दिशा में समुद्र शिषर गढ़ के यादवराजा विजयपाल का वर्णन।

दूहा— पूरब दिसि गढ गढनपति। समुद सिषर अति द्रुग्ग।
तहँ सु विजय सुर राजपति। जादू कुलह अभग्ग॥ छं. 1॥
हसम हयग्गय देस अति। पति सायर म्रज्जाद॥
प्रबल भूप सेवहिं सकल। धुनि निसाँन बहु साद॥ छं. 2॥

विजयपाल की सेना, कोष, दस बेटे, बेटी का वर्णन।

कवित्त— धुनि[1] निसान बहु साद। नाद सुरपंच बजत दिन॥
दस हजार हय चढ़त। हेम नग जटित साज तिन॥
गज असंष गजपतिय। मुहर सेना तिय संषह॥
इक नायक कर धरि। पिनाक, घरभर रज रष्षह॥
दस पुत्र पुत्रिय एक सम। रथ सुरंग उंमर डमर[2]॥
भंडार लछिय अगनित पदम। सो पदम सेन कुँवर सुघर॥ छं. 3॥

कुँअर पद्‌मसेन की बेटी पद्‌मावती के रूप-गुण आदि का वर्णन।

दूहा— पदम सेन कूँवर सुघर। ता घर नारि सुजान॥
तार उर इक पुत्री प्रगट। मनहुँ कला ससिभांन॥ छं. 4॥

कवित्त— मनहुँ कला ससिभांन। कला सोलह सो बन्निय॥
बाल बेस, ससिता समीप। अंम्रित रस पिन्निय॥
बिगसि कमल भ्रिग भमर। बैन षंजन मृग लुट्टिय॥
हीर कीर अरु बिंब। मोति नष सिष अहि घुट्टिय॥

1. कृ—धन। 2. को—झमर।

छत्रपति गयंद हरि हंस गति। बिह बनाय संचै सचिय॥
पदमिनिय रूप पदमावतिय। मनहुँ, कांम कामिनि रचिय॥ छं. 5॥

दूहा— मनहु काम कामिनि रचिय। रचिय रूप की रास॥
पसु पंछी सब[1] मोहिनी। सुर नर मुनियर पास॥ छं. 6॥
सामुद्रिक लच्छन सकल। चौसठि कला सुजान॥
जानि चतुर दस अंग षट। रति वसंत परमान॥ छं. 7॥

पद्मावती एक दिन खेलते समय एक सुग्गे को देखकर मोहित हो गई और उसने उसे पकड़ लिया और महल में पिंजरे में रखा।

सषियन सँग खेलत फिरत। महलनि बाग निवास॥
कीर इक्क दिष्षिय नयन। तब मन भयौ हुलास॥ छं. 8॥

कवित्त— मन अति भयौ हुलास। विगसि जनु कोक किरन रवि॥
अरुन अधर तिय सधर। बिंब फल जानि कीर छबि॥
यह चाहत चष चकित। उहजु तक्किय झरपि झर॥
चंचु चहुट्टिय लोभ। लियौ तब गहित अप्प कर॥
हरषत अनंद मन महि हुलस। लै जु महल भीतर गई॥
पंजर अनूप नग मनि जटित। सो तिहि मँह रष्षत भई॥ छं. 9॥

पद्मावती कीर के प्रेम में खेल-कूद भूलकर सदा उसी को पढ़ाया करती।

दूहा— तिही महल रष्षत भइय। गइय षेल सब भुल्ल॥
चित्त चहुँट्टयौ कीर सो। राँम पढ़ावत फुल्ल॥ छं. 10॥

पद्मावती के रूप को देखकर सुग्गे का मन में विचार करना कि इसको पृथ्वीराज पति मिलै तो ठीक है।

दूहा— कीर कुँवरि तन निरषि दिषि। नष सिष लौं यह रूप॥
करता करौ बनाय कै। यह पदमिनी सरूप॥ छं. 11॥

कवित्त— कुट्टिल केस सुदेस। पौह परचियत पिक्क सद॥
कमल गंध वय संध। हंस गति चलत मंद मद॥
सेवत वस्त्र सोहै सरीर। नष स्वाति बुंद जस॥
भमर भंवहि भुल्लहि सुभाव। मकरंद वास रस॥

1. कृ—मृग।

नैन निरषि सुष पाय सुक। यह सदिन मूरति रचिय॥
उमा प्रसाद हर हेरियत। मिलहि राज प्रथिराज जिय॥ छं. 12॥

पद्मावती का सुग्गे से पूछना कि तुम्हारा देश कौन है।

दूहा— सुक समीप मन कुँवरि कौ। लग्यो बचन कै हेत॥
अति विचित्र पंडित सुआ। कथत जु कथा अमेत॥ छं. 13॥

गाथा— पुच्छत बयन सुबाले। उच्चरिय कीर सच्च सच्चाये॥
कवन नाम तुम देस। कवन यंद करै परवेस॥ छं. 14॥

सुग्गे का उत्तर देना कि मैं दिल्ली का हूँ वहाँ का राजा पृथ्वीराज मानो इन्द्र का अवतार है।

उच्चारिय कीर सुनि बयनं। हिंदवान दिल्ली गढ अयनं॥
तहाँ इंद अवतार चहुबांनं। तहं प्रथिराजह सूर सुधारं॥ छं. 15॥

पृथ्वीराज के रूप, गुण और चरित्र का विस्तार से वर्णन करना।

छन्द पंढरी— पदमावतिहि कुँवरी संघत। दुज कथा बहुत सुनि सुनि सुवत॥
हिंदबांन थान उत्तम सुदेस। तहँ उदत द्रुग्ग दिल्ली सुदेस॥ छं. 16॥

संभरि नरेस चहुआंन थांन। प्रथिराज तहां राजंत भांन॥
बैसह बरीस षोडस नरिंद। आजानबाहु भुअ लोक यंद॥ छं. 17॥

*संभरि नरेस सोमेस पूत। देवंत रूप अवतार धूत॥
सामंत सूर सब्बैं अपार। भूजाँन भीम जिम सार भार॥ छं. 18॥

जिहि पकरि साह साहाब लीन। तेहुं बेर करिय पानीप हीन॥
सिंगिनि सुसद्द गुन चढ़ि जँजीर। चुक्कै न सबद बेधंत तीर॥ छं. 19॥

बल बैन करन जिम दाँन पान। सत सहस सील हरिचंद समान॥
साहस सुक्रंम विक्रम जुबीर। दांनव सुमत्त अवतार धीर॥ छं. 20॥

दिस च्यार जांनि सब कला भूप। कंद्रप्प जांनि अवतार रूप॥ छं. 21॥

---

* को. कृ—में यह तुक नहीं है।

दूहा— कामदेव अवतार हुअ। सुअ सोमेसर नंद॥
सहस किरन झल हल कमल। रिति समीप वर विंद[1]॥ छं. 22॥

पृथ्वीराज का रूप, गुण सुनकर पद्मावती का मोहित हो जाना।

दूहा— सुनत श्रवन प्रथिराज जस। उमग बाल विधि अंग॥
तन मन चित चहुवाँन पर। बस्यौ सु रत्तह रंग॥ छं. 23॥

कुँवरी के सयानी होने पर विवाह करने के लिए माँ-बाप का चिन्तित होना।

दूहा— वेस बिती ससिता सकल। आगम कियौ बसंत॥
मात पिता चिन्ता भई। सोधि जुगनि कौ कंत॥ छं. 24॥

राजा का वर ढूँढ़ने के लिए पुरोहित को देश-देशांतर भेजना।

कवित्त— सोधि जुगति कौ कंत। कियौ तव चित्त चहौं दिस॥
लयौ विप्र गुर बोल। कही समझाय बात तस॥
नर नरिंद नर पती। बड़े गढ़ द्रुग्ग असेसह॥
सीलवंत कुल सुद्ध। देहु कन्या सुनरेसह॥
तब चलन देहु दुज्जह लगन। सगुन बद दिय अप्प तन॥
आनँद उछाह समुदह सिषर। बजत नद्द नीसाँन घन॥ छं. 25॥

पुरोहित का कुमाऊँ के राजा कुमोदमनि के यहाँ पहुँचना।

दूहा— सवालष्ष उत्तर सयल। कमऊँ गढ दूरंग॥
राजत राज कुमोदमनि। हय गय द्रिब्ब अभंग॥ छं. 26॥

पुरोहित ने कन्या के योग्य समझकर कमोदमनि को लग्न चढ़ा दिया।

दूहा— नारिकेल फल परठि दुज। चौक पूरि मनि मुत्ति॥
दई जु कन्या बचन बर। अति अनंद करि जुत्ति॥ छं. 27॥

कुमोदमनि का बड़ी धूम से ब्याह के लिए बारात लाना, पद्मावती का दुखित होकर सुग्गे को पृथ्वीराज के पास भेजना।

छन्द भुजंगी—
विहिसितवरं लगन लिन्नौ नरिंदं। बजी द्वार द्वारं सु आनंद दुंदं॥
गढंनं गढं पत्ति सब बोलि नुंत्ते। आइयं भूप सब कटु बंस जुत्ते॥ छं. 28॥

---

1. को—चिंदं।

चले दस सहस्सं असव्वार जानं। पूरियं पैदलं तेतीसु थानं॥
मंत मद गलित सै पंच दंती। मनों साँम पाहार बुग पंति पंती॥ छं. 29॥

चलै अग्गि तेजी जु तत्ते तुषारं। चौवरं चौरासी जु साकत्ति भारं॥
कंठ नग नूपं अनोपं सु लालं। रँगं पंच रंगं ढलकंत ढालं॥ छं. 30॥

पंच सुर साबद्द वाजित्र वाजं। सहस सहनाय म्रिग मोहि राजं॥
समुद सिर सिषर उच्छाह छाहं। रचित मंडपं तोरनं श्रीयगाहं॥ छं. 31॥

पदमावती विलषि बर बाल बेली। कही कीर सों बात तब होइ केली॥
झटं जाहु तुम्ह कीर दिल्ली सुदेसं। बरं चाहुवानं जु आनौ नरेसं॥ छं. 32॥

सुग्गे से संदेसा कहलाना और चिट्ठी देना कि रुक्मनि की तरह मेरा उद्धार कीजिए।

दूहा— आँनो तुम्ह चहुवांन बर। अरु कहि इहै सँदेस॥
सांस सरीरहि जो रहै। प्रिय प्रथिराज नरेस॥ छं. 33॥

कवित्त— प्रिय प्रिथिराज नरेस। जोग लिषि कग्गर दिन्नौ॥
लगु नव रग रचि सरब। दिन द्वादस ससि लिन्नौ॥
सें अरूग्यारह तीस[1]। साष संवत परमानह॥
जोवित्री कुल सुद्ध। वरनि वर रष्षहु प्रानह॥
दिष्षंत दिष्ट उच्चारिय[2] वर। इक पलक बिलंब न करिय॥
अलगार रयन दिन पंच महि। ज्यों रुकमनि कन्हर वरिय॥ छं. 34॥

शिव पूजन के समय हरन करने का संकेत लिखना।

दूहा— ज्यों रुकमनि कन्हर वरी। ज्यों वरि संभरि कांत॥
शिव मंडप पच्छिछम दिसा। पूजि समय स प्रांत॥ छं. 35॥

सुग्गे का चिट्ठी लेकर आठ पहर में दिल्ली पहुँचना।

दूहा— लै पत्री सुक यों चल्यौ। उड्यौ गगनि गहि वाव॥
जहँ दिल्ली प्रथिराज नर। अट्ठ जाँम में जाव॥ छं. 36॥

सुग्गे का पत्र पृथ्वीराज को देना और पृथ्वीराज का चलने के लिए प्रस्तुत होना।

दूहा— दिय कग्गर नृप राज कर। षुलि बंचिय प्रथिराज॥
सुक देखत मन में हँसे। कियो चलनकौ साज॥ छं. 37॥

---

1. को—अनुतीस। 2. को—वह चरिय।

चामंड राय को दिल्ली में रखकर और सरदारों को साथ लेकर उसी समय पृथ्वीराज का यात्रा करना।

कवित्त— उहै घरी उहि पलनि। उहै दिन बेर उहै सजि॥
सकल सूर सामंत। लिये सब बोलि बंब बजि॥
अरु कविचंद अनूप। रूप सरसै बर कह बहु॥
और सेन सब पच्छ। सहस सेना तिय सष्षहु॥
चामंड राय दिल्ली धरह। गढ़पति करि गढ़ भार दिय॥
अलगार राज प्रथिराज तब। पूरब दिस तब गमन किय॥ छं. 38॥

जिस दिन समुद्र शिषर गढ़ में बारात पहुँची उसी दिन पृथ्वीराज भी पहुँच गया और उसी दिन गजनी में शहाबुद्दीन को भी समाचार मिला।

दूहा— जा दिन सिषर बरात गय। ता दिन गय प्रथिराज॥
ताही दिन पतिसाह कौ। भइ गज्जनै अवाज॥ छं. 39॥

यह समाचार पाते ही अपने उमरावों के साथ शहाबुद्दीन ने पृथ्वीराज का रास्ता आगे बढ़कर रोका और इधर इसकी सूचना चन्द ने पृथ्वीराज को दी।

कवित्त— सुनि गज्जनै अवाज। चढ्यौ साहाब दीन बर॥
पुरासाँन सुलतान। काम काविलिय मीर धुर॥
जंग जुरन जालिम जुझार। भुज सार भार भुअ॥
धर धमकि भजि सेम। गगन रवि लुप्पि रैन हुअ॥
उलटि प्रवाह मनौं सिंधु सर। रुक्कि राह अड्डौ रहिय॥
तिहि धरिय राज प्रथिराज सौं। चंद वचन इहि विधि कहिय॥ छं. 40॥

बारात का निकलना, नगर की स्त्रियों का गौष प्राप्ति से बारात देखना, पद्मावती का पृथ्वीराज के लिए व्याकुल होना।

कवित्त— निकट नगर जब जानि। जाय वर विंद उभय भय॥
समुद सिषर घन नद्द। इंद दुहुँ ओर घोर गय॥
अगिवानिय अगिवान। कुँअर बनि बनि हय सज्जति॥
दिष्षन को त्रिय सबनि। चढ़ि गौष छाजन रज्जति॥
विलषि अवाम कूँवरि वदन। मनौं राह छाया सुरत॥
झंषति गवष्षि पल पल पलकि। दिषत पंथ दिल्ली सुपति॥ छं. 41॥

सुग्गे का आकर पद्मावती को समाचार देना, उसका प्रसन्न होकर शृंगार करना, और सखियों के साथ शिव जी की पूजा को जाना, वहाँ पृथ्वीराज

का उसे उठाकर अपने पीछे घोड़े पर बैठाकर दिल्ली की ओर रवाना होना, नगर में यह समाचार पहुँचना, राजा की सेना का पीछा करना, पृथ्वीराज के साथ घोर युद्ध होना।

छंद पद्धरी—

दिषत पंथ दिल्ली दिसाँन। सूष भयौ सुक जब मिल्यौ आंन॥
सँदेस सुनत आनंद नैंन। उमगिय बाल मन मथ्थ सैन॥ छं. 42॥

तन चिकट चार डार्यौ उतारि। मज्जन[1] मयंक नव सत सिंगार॥
भूषन मँगाय नष सिष अनूप। सजि सेन मनौं मनमथ्थ भूप॥ छं. 43॥

सोव्रन्न थार मोतिन भराय। झल[2] हल करंत दीपक जराय॥
संगह सषिय लिय सहस बाल[3]। रुकमनिय जेम मज्जत मराल॥ छं. 44॥

पूजिय गवरि शंकर मनाय। दच्छिनै अंग कर लगिय पाय॥
फिर देषि देषि प्रथिराज राज। हस मुद्ध मुद्ध चर पट्ट लाज॥ छं. 45॥

कर पकरि पीठ हय परि चढ़ाय। लै चल्यौ नृपति दिल्ली सुराय॥
भइ षबरि नगर बाहिर सुनाय। पदमावतीय हरि लीय जाय॥ छं. 46॥

बाजी सुबंब हय गय पलांन। दौरे सुसज्जि दिस्सह दिसांन॥
तुम्ह लेहु लेहु मुष जंपि जोध। हन्नाह सूर सब पहरि क्रोध॥ छं. 47॥

अग्गें जु राज प्रिथिराज भूप। पच्छै सु भयौ सब सेन रूप॥
पहुँचे सुजाय तत्ते तुरंग। भुअ भिरन भूप जुरि जोध जंग॥ छं. 48॥

उलटी जु राज प्रथिराज बाग। थकि सूर गगन धर धसत नाग॥
सामंत सूर सब काल रूप। गहि लोह छोह इम सारि धार॥ छं. 49॥

घमसान घान सब वीर षेत। घन श्रोन बहत अरु रुकत रेत॥ छं. 50॥

मारे बरात के जोध जोह। परि रुंड मुंड अरि षेत सोह॥ छं. 51॥

पृथ्वीराज का जय करके दिल्ली की ओर बढ़ना।

दूहा— परे रहत रिन षेत अरि। करि दिल्लिय मुष रुष्ष॥
जीति चल्यौ प्रथिराज रिन। सकल सूर भय सुष्ष॥ छं. 52॥

पद्मावती के साथ आगे बढ़ने पर शहाबुद्दीन का समाचार मिलना।

दूहा— पदमावति इम लै चल्यौ। हरषि राज प्रिथिराज॥
एतें परि पतिसाह की। भइ जु आनि अवाज॥ छं. 53॥

---

1. ए. कृ—मंडान। 2. को—कल। 3. को—यव रस चाल।

अवसर जानकर शहाबुद्दीन का पृथ्वीराज को पकड़ने के विचार से सेना सजाना।

कवित्त— भई जु आँ न अवाज। आय सहाबदीन सुर॥
आज नहौं प्रथिराज। बोल बुल्लंत गजत धुर॥
क्रोध जोध जोधा अनंद। करिय पंती अनि गज्जिय॥
बांन नालि हथनालि। तुपक तीरह श्रब सज्जिय॥
पवैं पहार मनौं सार के। भिरि भुजांन गजनेस बल॥
आये हकारि हंकार करि। षुरासान सुलतान दल॥ छन्द. 54॥

शहाबुद्दीन की सेना का वर्णन, पृथ्वीराज को चारों ओर से घेर लेना।

छंद पद्धरी—

षुरासान मुलतान षंधार मीरं। बलक सो बलं तेग अच्चूक तीरं॥
रुहंगी फिरंगी हलंवी समानी। ठटी ठट्ट बल्लोच ढालं निमानी॥ छं. 55॥

मँजारी चषी मुष्ष जंबक्क लारी। हजारी हजारी इकैं जोध भारी॥
तिनं पष्षरं पीठ हय जीन सालं। फिरंगी कती पाम सुकलात लालं॥ छं. 56॥

तहाँ बाघ बाघं मरूरी रिछोरी। घनं सारसंमूह अरु चौंर झोरी॥
एराकी अरब्बी पटी तेज ताजी। तुरक्की महाबांन कम्मांन बाजी॥ छं. 57॥

ऐसे असिव असवार अग्गेल गोलं। भिरे जून जेते सुतत्ते अमोलं॥
तिनं मद्धि सुलतांन साहाब आपं। इसे रूप सों फौज बरनाय जापं॥ छं. 58॥

तिनं षेरियं राज प्रथिराज राजां। चिहौ ओर घन घोर नीसांन बाजं॥ छं. 59॥

पृथ्वीराज का तेग सँभाल शत्रुओं पर टूटना।

कवित्त— बज्जिय घोर निसाँन राँन चौहान चिहौ दिस॥
सकल सूर सामंत। समरि बल जंत्र मंत्र तस।
उट्ठि राज प्रथिराज। वाग मनों लग वीर नट॥
कढ़त तेग मनों बेग। लगन मनों वीज झट्ट घट॥
थकि रहे सूर कोतिग गिगन। रगन मगन भइ श्रोन घर॥
हर हरषि वीर जग्गे हुलस। हुरव रंगि नव रत्त वर॥ छं. 60॥

दिन-रात घोर युद्ध हुआ, पर किसी तरह जीत न हुई।

दूहा— हुरव रंग नव रंग वर। भयौ जुद्ध अति चित्त॥
निस वासुर समुझि न परत। न को हार नह जित्त॥ छं. 61॥

युद्ध का वर्णन।

कवित्त— न को हार नह जित्त। रहेइ न रहहि सूरवर॥
धर उप्पर भर परत। करत अति जुद्ध महाभर॥
कहौं कमध कहौ मथ्थ। कहौ कर चरन अत रुरि[1]॥
कहौं कंध वहिं तेग। कहौं सिर जुट्टि फुट्टि उर॥
कहौं दंत मंत हय पर षुपरि। कुंभ भ्रसुंडह रुंड सब॥
हिंदवान रान भयमांन मुष। गहिष तेग चहुवान जब॥ छं. 62॥

पुथ्वीराज की वीरता का वर्णन, शहाबुद्दीन को कमान डाल पृथ्वीराज का पकड़ लेना और अपने साथ लेकर चलना।

छन्द भुजंगी—

गही तेन चहुवाँन हिंदवाँन रानं। गजं जूथ परि कोप केहरि समानं॥
करे षंड मुंडं करी कुंभ फारे। बरं सूर सामंत हुकि गर्ज भारे॥ छं. 63॥

करी चीह चिक्कार करि कलप भग्गे। मदं तंजियं लाज[2] ऊमंग मग्गे॥
दौरि गज अंध चहुआँन केरो। घेरियं[3] गिरद्दं चिहौ चक्क फेरो॥ छं. 64॥

गिरद्दं उडी भाँन अंधार रैनं। बई सूधि सुझ्झै नहीं मझ्झि नैनं॥
सिरं[4] नाय कम्मांन प्रथिराज राजं। पकरियै साहि जिम कुलिंगवाजं॥ छं. 65॥

लै चल्यौ सितावी करी फारि फौजं[5]। परें मीर सै पंच तहँ षेत चौजं॥
रजंहुत्त पंचास झुझ्झे अमोरं। बजै जीत के नद्द नीसांन घोरं॥ छं. 66॥

पृथ्वीराज का जीतकर गंगा पार कर दिल्ली आना।

दूहा— जीति भई प्रथिराज की। पकरि साह लै संग॥
दिल्ली दिसि मारगि लगौ। उतरि घाट गिर गंग॥ छं. 67॥

पद्मावती को वर कर गोरी शाह को पकड़कर दिल्ली के निकट चत्रभुजा के स्थान में पृथ्वीराज का पहुँचना।

वर गोरी पद्मावती। गहि गोरी सुरताँन॥
निकट नगर दिल्ली गये। त्रभुजा चहुआँन॥ छं. 68॥

---

1. कृ.—दुरि। 2. कृ.—जाल। 3. कृ.—करीयं। 4. कौ.—तब। 5. कौ.—में "ले चल्यौ निकसि सब फारि फौज" लिखा है।

लग्न साधकर धूमधाम से विवाह करना।

कवित्त—बोलि विप्र सोधे लगन्न। सुध घरी परट्ठिय॥
हर बांसह मंडप बनाय। करि भांवरि गंठिय॥
ब्रह्म वेद उच्चरहिं। होम चौरी जु प्रत्ति वर॥
पद्मावती दुलहिन अनूप। दुल्लह प्रथिराज राज नर॥
मंडयौ[1] साह साहाबदी। अट्ठ सहस है वर सुवर॥
दै दाँन माँन षट भेष कौ। चढ़े राज द्रूग्गा हुजर॥ छं. 69॥

पृथ्वीराज का शहाबुद्दीन को छोड़ देना और दुलहिन के साथ अपने महल में आना।

कवित्त— चढ़िय राज प्रथिराज। छाड़ि साहाबदीन सुर॥
त्रिपत सूर सामंत। बजत नीसाँन गजत धुर॥
चंद्र वदनि मृग नयनि। कल ले सिर सनमुष्ष जुष।
कनक थार अति बनाय। मोतिन बँधाय सुष॥
मंडल मयंक वर नार सब। आनँद कंठह गाइयव॥
ढोरंत चवर किक्कर करहिं। मुकुट सीस तिक जु दियव॥ छं. 70॥

महल में पहुँचने पर आनंद मनाया जाना।

दूहा— चढ़े राज द्रुग्गह त्रिपति। सुमत राज प्रथिराज॥
अति अनंद आनंद सैं। हिंदवांन सिर ताज॥ छं. 71॥

इति श्री कविचंद विरचिते प्रिथीराज रासके श्री प्रिथीराज
समुद सिषर गढ़ पद्मावती पाँणि ग्रहणं जुद्ध पश्चात पातिसाह
प्रिथीराज जुद्धं श्री प्रिथीराज जुद्ध विजय पातिसाह ग्रहनं मोषनं
नाम विंशति प्रस्ताव संपूर्णम्॥

---

1. कृ.—डंडयौ।

कबीरदास

मध्यकाल के संत कवियों में कबीर का व्यक्तित्व अद्वितीय एवं अक्षुण्ण महत्त्व रखता है। मध्ययुग के अन्धकारमय वातावरण में कबीर सरीखे महापुरुष ने ज्ञान का प्रकाश फैलाकर सम्पूर्ण मानवता का मार्गदर्शन किया। कबीर का जन्म सन् 1398 ई. (संवत् 1455) को काशी में तथा मृत्यु सन् 1518 ई. (संवत् 1575) को मगहर में हुई।

कबीर के नाम से 63 रचनाएँ मिलती हैं, परन्तु कबीर वाणी का प्रामाणिक संकलन 'बीजक' ही माना जाता है। बीजक के तीन अंग हैं—1. साखी, 2. सबद (पद), 3. रमैनी।

1. **साखी :** 'साखी' का अर्थ है—चश्मदीद गवाह, ऐसा व्यक्ति जिसने घटना को अपनी आँखों से देखा हो। कबीर ने स्वयं कहा है कि साखी उन्होंने रचना-कौशल दिखाने के लिए नहीं, बल्कि संसार की समस्याओं को सुलझाने के लिए प्रयोग की है।
2. **सबद (पद) :** साखी सामाजिक बोध प्रधान थी जबकि कबीर वाणी के सबद आध्यात्मिक भावबोध प्रधान हैं। इन पदों में उपदेश अधिक हैं जो कि समकालीन साधकों को चेतन करने के लिए प्रयोग किए।
3. **रमैनी :** 'रमैनी' शब्द का अर्थ विभिन्न विद्वानों ने अलग-अलग ढंग से किया है। 'रमैनी' का सीधा सम्बन्ध 'रामायण' से है। 'रामायण' से 'रामायणी', 'रमयनी' और फिर 'रमैनी' हो जाना स्वाभाविक है। कबीर ने इनमें अनवतारी राम का महत्त्व प्रकट किया है। उनका राम दशरथी राम से भिन्न अजन्मा है।

कबीर के समय का समाज विशृंखलित समाज था। कबीर ने उस समाज को समग्रत: देखा और समझा, इसका प्रभाव उनकी चेतना पर पड़ा और इसी कारण उन्होंने अपनी रचनाओं में प्रखर एवं ओजस्वी भाषा में सामाजिक व्यवस्था पर व्यंग्य कर उनके सुधार का मार्ग प्रशस्त किया।

उस समय समाज में दो धर्मों का बोलबाला था—हिन्दू और मुस्लिम। इन दोनों धर्मों के ठेकेदार जनता को अनेक बाह्याचारों और मिथ्याडम्बरों के

जाल में फँसाकर अपने-अपने मत की श्रेष्ठता सिद्ध करने में लगे हुए थे। इसके कारण समाज में ईर्ष्या-द्वेष, वैमनस्य, धार्मिक अव्यवस्था बढ़ गई और समाज विनाश की ओर अग्रसर हुआ। ऐसे में कबीर का प्रादुर्भाव हुआ और उन्होंने समाज से कुरीतियों और कुप्रथाओं को दूर करने का दृढ़ संकल्प लिया। कबीर कहते हैं—

दिन को रोजा रखत हौ, राति हनत हो गाय।
यह तो खून वह बंदगी, क्यों कर खुसी खोदाय॥

कबीर ने समाज के लोगों को जाति-पाँति के बन्धनों से मुक्त होने को कहा—

जाति पाँति पूछें नहिं कोय।
हरि को भजैं सो हरि का होय॥

कबीर ने हिन्दू और मुस्लिम, दोनों के मिथ्याडम्बरों पर तीखा व्यंग्य किया—

हिन्दू अपनी करे बड़ाई, गागर छुवन न देई।
वेस्या के पाइन-तर सोवै, यह देखो हिन्दुआई॥
मुसलमान के पीर-औलिया, मुर्गी मुर्गा खाई।
खाला केरी बेटी ब्याहै, घरहि में करै सगाई॥

कबीर ने मानव को झूठे संन्यास को त्याग कर सहज जीवन जीने का आग्रह किया—

तन को जोगी सब करे, मन को विरला कोई।
सब विधि सहजै पाइए, जे मन जोगी होई॥

कबीर ने अपनी रचनाओं में निर्गुण राम में अपनी आस्था व्यक्त की है तथा ईश्वर को घट-घट व्यापक बताया है—

इस घट अन्तर अनहद गरजै, इसी में उठत फुहारा।
कहत कबीर सुनो भाई साधो, इसी में साईं हमारा॥

कबीर रहस्यवादी कवि हैं। आध्यात्मिक अनुभूतियों की रसमयी अभिव्यक्ति का नाम रहस्यवाद और इस कोटि की अभिव्यक्ति का चरम सौन्दर्य कबीर के काव्य में मिलता है—

जल में कुम्भ, कुम्भ में जल है बाहर भीतर पानी।
फूटा कुम्भ जल जलहिं समाना, यह तत कह्यौ गियानी॥

कबीर काव्य में विरहिणी आत्मा अपने प्रियतम के विरह में जल रही है। कबीर की दृष्टि में साधक सांसारिक सुखोपभोगों से नहीं, बल्कि रुदन हाहाकार प्रधान विरह से ही प्रियतम की प्राप्ति कर सकता है—

हंस हंस कंत न पाइये।
जिनि पाया तिनि रोया॥

विरह के उपरान्त प्रियतम रूपी ब्रह्म से जब प्रियतमा रूपी आत्मा का मिलन होता है तब आत्मा परमानन्द का अनुभव करती है—

बहुत दिनन ये प्रीतम पाए।
भाग बड़े घर बैठे आए॥

कबीर काव्य में उलटबाँसियों का प्रयोग भी मिलता है। इसके अतिरिक्त कबीर ने हठयोग, सुरति-निरति आदि का भी वर्णन किया है।

कबीर का अपनी भाषा पर जबरदस्त अधिकार था। वह वाणी के डिक्टेटर थे। उनकी वाणी गागर में सागर के समान है। इस विषय में आचार्य हजारीप्रसाद द्विवेदी लिखते हैं—"हिन्दी साहित्य के हज़ार वर्षों के इतिहास में कबीर जैसा व्यक्तित्व लेकर कोई लेखक उत्पन्न नहीं हुआ। मस्ती, फक्कड़ाना स्वभाव और सबको झाड़-फटकार कर चल देने वाले तेज ने कबीर को हिन्दी साहित्य का अद्वितीय व्यक्ति बना दिया।"

कबीर क्रान्तिकारी व्यक्तित्व को लिये हुए क्रान्तिकारी विचारों के साथ मध्ययुग में अवतरित हुए, जिनका प्रादुर्भाव मध्ययुग की ऐतिहासिक घटना है।

पद, साखियाँ

1. गुरुदेव कौ अंग

सतगुर सवाँन को सगा, सोधी सईं न दाति।
हरिजी सवाँन को हितू, हरिजन सईं न जाति॥ 1॥

बलिहारी गुर आपणैं द्यौं हाड़ी कै बार।
जिनि मानिष तैं देवता, करत न लागी बार॥ 2॥

सतगुर की महिमा, अनँत, अनँत किया उपगार।
लोचन अनँत उघाड़िया, अनँत दिखावणहार॥ 3॥

राम नाम के पटतरे, देबे कौ कुछ नाहिं।
क्या ले गुर संतोषिए, हौंस रही मन माहिं॥ 4॥

सतगुर के सदकै करूँ, दिल अपणी का साछ।
सतगुर हम स्यूँ लड़ि पड्या महकम मेरा बाछ॥ 5॥

सतगुर लई कमाँण करि, बाँहण लागा तीर।
एक जु बाह्या प्रीति सूँ, भीतरि रह्या सरीर॥ 6॥

सतगुर साँचा सूरिवाँ, सबद जू बाह्या एक।
लागत ही में मिलि गया, पढ्या कलेजै छेक॥ 7॥

सतगुर मार्‍या बाण भरि, धरि करि सूधी मूठि।
अंगि उघाड़ै लागिया, गई दवा सूँ फूंटि॥ 8॥

हँसै न बोलै उनमनी, चंचल मेल्ह्या मारि।
कहै कबीर भीतरि भिद्या, सतगुर कै हथियार॥ 9॥

गूँगा हूवा बावला, बहरा हुआ कान।
पाऊँ थै पंगुल भया, सतगुर मार्‍या बाण॥ 10॥

पीछे लागा जाइ था, लोक वेद के साथि।
आगै थैं सतगुर मिल्या, दीपक दीया हाथि॥ 11॥

दीपक दीया तेल भरि, बाती दई अघट्ट।
पूरा किया बिसाहुणाँ, बहुरि न आँवौं हट्ट॥ 12॥

ग्यान प्रकास्या गुर मिल्या, सो जिनि बीसरि जाइ।
जब गोबिंद कृपा करी, तब गुर मिलिया आइ॥ 13॥

कबीर गुर गरबा मिल्या, रलि गया आटैं लूँण।
जाति पाँति कुल सब मिटै, नांव धरोगे कौण॥ 14॥

जाका गुर भी अंधला, चेला खरा निरंध।
अंधा अंधा ठेलिया, दून्यूँ कूप पड़ंत॥ 15॥

नाँ गुर मिल्या न सिष भया, लालच खेल्या डाव।
दुन्यूँ बूड़े धार मैं, चढ़ि पाथर की नाव॥ 16॥

चौसठ दीवा जोइ करि, चौदह चन्दा माहिं।
तिहिं धरि किसकौ चानिणौं, जिहि घरि गोबिंद नाहिं॥ 17॥

निस अधियारी कारणैं, चौरासी लख चंद।
अति आतुर ऊदै किया, तऊ दिष्टि नहिं मंद॥ 18॥

भली भई जू गुर मिल्या, नहीं तर होती हाँणि।
दीपक दिष्टि पतंग ज्यूँ, पड़ता पूरी जाँणि॥ 19॥

माया दीपक नर पतंग, भ्रमि भ्रमि इवै पड़ंत।
कहै कबीर गुर ग्यान थैं, एक आध उबरंत॥ 20॥

2. बिरह कौ अंग

रात्यूँ रूँनी बिरहनीं, ज्यूँ बंचौ कूँ कुंज।
कबीर अंतर प्रजल्या, प्रगट्या बिरहा पुंज॥ 1॥

अंबर कुँजाँ कुरलियाँ, गरिज भरे सब ताल।
जिनि थे गोबिंद बीछुटे, तिनके कौण हवाल॥ 2॥

चकवी बिछुटी रैणि की, आइ मिली परभाति।
जे जन बिछुटे राम सूँ, ते दिन मिले न राति॥ 3॥

बासुरि सुख नाँ रैणि सुख, ना सुख सुपिनै माँहि।
कबीर बिछुट्या राम सूँ ना सुख धूप न छाँह॥ 4॥

बिरहनि ऊभी पंथ सिरि, पंथी बूझै धाइ।
एक सबद कहि पीव का, कब रे मिलैगे आइ॥ 5॥

बहुत दिनन की जोवती, बाट तुम्हारी राम।
जिव तरसै तुझ मिलन कूँ, मनि नाहीं विश्राम॥ 6॥

बिरहिन ऊठै भी पड़े, दरसन कारनि राम।
मूवाँ पीछे देहुगे, सो दरसन किहिं काम॥ 7॥

मूवाँ पीछै जिनि मिलै, कहै कबीरा राम।
पाथर घाटा लोह सब, (तब) पारस कौंणै काम॥ 8॥

अंदेसड़ा न भाजिसी, सँदेसो कहियाँ।
कै हरि आयां भाजिसी, कै हरि ही पासि गयां॥ 9॥

आइ न सकौ तुझ पै, कूँ न तूझ बुझाइ।
जियरा यौही लेहुगे, बिरह तपाइ तपाइ॥10॥

यहु तन जालौं मसि करूँ, ज्यूँ धूवाँ जाइ सरग्गि।
मति वै राम दया करै, बरसि बुझावै अग्गि॥11॥

यहु तन जालै मसि करौं, लिखौं राम का नाउँ।
लेखणिं करूँ करंक की, लिखि लिखि राम पठाउँ॥ 12॥

कबीर पीर पिरावनीं, पंजर पीड़ न जाइ।
एक ज पीड़ परीति की, रही कलेजा छाइ॥ 13॥

चोट सताड़ी बिरह की, सब तन जर जर होइ।
मारणहारा जाँणिहै, कै जिहिं लागी सोइ॥ 14॥

कर कमाण सर साँधि करि, खैंचि जू मार्‌या माँहि।
भीतरि भिद्या सुमार ह्वै, जीवै कि जीवै नाँहि॥ 15॥

जबहूँ मार्‌या खैंचि करि, तब मैं पाई जाँणि।
लागी चोट मरम्म की, गई कलेजा जाँणि॥ 16॥

जिहि सर मारी काल्हि, सो सर मेरे मन बस्या।
तिहि सरि अजहूँ मारि, सर बिन सच पाऊँ नहीं॥ 17॥

बिरह भुवंगम तन बसै, मंत्रा न लागै कोइ।
राम बियोगी ना जिवै, जिवै त बीरा होइ॥ 18॥

बिरह भुवंगम पैसि करि, किया कलेजै घाव।
साधू अंग न मोड़ही, ज्यूँ भावै त्यूँ खाव॥ 19॥

सब रग तंत रबाब तन, बिरह बजावै नित्त।
और न कोई सुणि सकै, कै साई के चित्त॥ 20॥

मीराँबाई

भक्तिकालीन सगुण काव्य में कृष्ण काव्यधारा में मीराँबाई का अप्रतिम स्थान है। उन्हें विरह की प्रतिमूर्ति और 'मरुस्थल की मन्दाकिनी' कहा जाता है। एक लोकप्रिय कवयित्री के रूप में मीराँ की प्रसिद्धि गुजरात, राजस्थान, पंजाब, उत्तर प्रदेश, बिहार, मध्य प्रदेश और बंगाल तक फैली हुई है। मध्यकालीन कवियों में से सम्भवत: मीराँ ही एकमात्र ऐसा व्यक्तित्व हैं जिनके जीवन और रचनाओं के सम्बन्ध में बाह्य एवं अन्त:साक्ष्य भरे पड़े हैं। उनकी लोकप्रियता के ही कारण अनेक भक्तों, संतों, भक्तमालों एवं वार्ताग्रन्थों में उन पर प्रचुर सामग्री है। सर्वप्रथम कर्नल टाड ने सिद्ध किया कि मीराँ (1433-68) मेड़ता के राठौर की पुत्री और मेवाड़ के राणा कुम्भा की पत्नी थीं। अपनी पुस्तक 'ऐनल्स एंड एंटीक्वीटीज ऑव राजस्थान' में कर्नल टाड लिखते हैं : 'Mirabai was the most celebrated Princess of her time.' मीराँ के जन्म से सम्बन्धित अनेक मतों में जोधपुर के देवीप्रसाद मुंसिफ़ ने टाड के मत का खंडन करके बताया कि 'मीराँबाई मेड़तिया राठौर रतनसिंह की बेटी, मेड़ते के राव दादाजी की पोती और जोधपुर को बसाने वाले राव जोधा जी की प्रपौत्री थीं। इनका विवाह सन् 1516 में मेवाड़ के महाराणा साँगा के कुँवर भोजराज के साथ हुआ।' मेकालिफ ने मीराँ का जन्म 1516 ई. को, कन्हैयालाल मुंशी और वियोगी हरि ने 1500 ई., तनसुखराम मनसुखराम त्रिवेदी ने अपने बृहत् काव्य-दोहन भाग 7 में 1493 से 1503 के बीच और धीरेन्द्र वर्मा ने 1503 ई. को माना है।

जहाँ तक मीराँ के वियोगिनी मीराँ में परिवर्तित होने की बात है तो उनकी बाल्यावस्था अत्यन्त दुखों में व्यतीत हुई। बचपन में ही माता की स्नेहछाया से वंचित मीराँ को उनके दादा ने पाला-पोसा जो वैष्णव भक्त थे और जिनकी भावनाओं ने मीराँ को बहुत प्रभावित किया। किन्तु दादा की छाया भी सिर पर से उठने के पश्चात् मीराँ का विवाह कर दिया गया और ससुराल में भी वह अग्निपरीक्षाओं की भट्ठी में जलती रहीं। विवाह के कुछ वर्षों बाद मीराँ के पति की मृत्यु और उसके एक साल बाद ही मीराँ के पिता और श्वसुर की मृत्यु ने मीराँ को भीतर तक निराश और सूना कर दिया। भौतिक जीवन की इसी निराशा और अकेलेपन ने उनकी लौ गिरिधर गोपाल के प्रति जगाई। मीराँ का अधिकतर समय संत-महात्माओं की

संगति में व्यतीत होने लगा, जो राणा परिवार में उनके पति भोजराज के सौतेले भाई विक्रमादित्य को गवारा नहीं था। राजपरिवार के झूठे और दिखावे के जीवन में मीराँ का कोई मोह नहीं था। विक्रमादित्य ने मीराँ को मारने का षड्यंत्र बनाया और उन्हें विष से भरा प्याला पीने के लिए भेजा, साँप को डसने के लिए छोड़ा, शूलों की सेज मीराँ के सोने के लिए बिछाई—परन्तु मीराँ तो प्रभु कृष्ण की भक्ति में लीन थीं। वह इन सभी कष्टों से पार पा गईं। मीराँ ने अपने काव्य में स्वयं उन्हें दिये जानेवाले इन कष्टों का उल्लेख किया है। राजपाट के लिए मीराँ में कभी कोई मोह नहीं था। वैराग्य की अवस्था में सब कुछ छोड़कर मीराँ वृन्दावन चली गईं और विद्धानों के अनुसार वहाँ से द्वारका जाने के बाद मृत्यूपरान्त वहीं रणछोड़ जी के मन्दिर में रहीं।

मीराँ के गुरु रैदास थे अनेक पद इसके साक्षी भी हैं। कहा जा सकता है कि मीराँ की भक्ति-भावना पर अनेक संतों, मतों और सम्प्रदायों का प्रभाव पड़ा। मीराँ यूँ भी किसी वाद, धारा, पंथ इत्यादि से जुड़ी हुई नहीं थीं। उनकी भक्ति-भावना स्वत: आत्म-उद्‌भूत कही जा सकती है। मीराँबाई की लोकप्रियता और अक्षय कीर्ति का आधार उनकी सात कृतियाँ हैं, जिनमें 'गीतगोविन्द की टीका', 'राग विहाग', 'सोरठा के पद', 'मीराँबाई का मलार', 'नवागीत' और 'नरसी रो माहेरो' तथा फुटकर पद प्रसिद्ध हैं, जिनका मूल स्वर दैन्य और माधुर्यभाव की भक्ति है। प्रो. प्रेमनारायण शर्मा का मत है कि जिस प्रकार फूल के सौन्दर्य एवं महक से सारे वातावरण का सौन्दर्य निखर उठता है, ठीक उसी प्रकार मीराँ के सौन्दर्य और व्यक्तित्व ने सारे वातावरण को प्रभावित कर दिया। प्रेम की तीव्रता, अनुभूति की गहराई, तन्मयता और उपासना ने मीराँ को प्रेम की उच्च श्रेणी का अधिकारी बना दिया।

मीराँ का काव्य शृंगार रस की दृष्टि से विरह-वेदना का उत्कृष्ट नमूना है। परमात्मा की प्राप्ति के लिए व्याकुल आत्मा का क्रन्दन है। समाज के थोथे आडम्बरों से परे मीराँ का चिन्तन नारी विकास के मार्ग की लौह-शृंखलाओं पर कड़ा प्रहार है। प्रहार की यह क्षमता उन्हें देखे-भोगे यथार्थ से प्राप्त हुई। मीराँ काव्य की टीस, वेदना, प्रेम की तीव्रता, छटपटाहट और अपने आराध्य श्रीकृष्ण के प्रति अनन्य श्रद्धा, प्रेम और तन्मयता उनकी मौलिक यथार्थ अनुभूति की परिचायक है। बाह्य लोक से विमुख होकर मीराँ की साधना अन्तर्मुखी होकर आध्यात्मिकता की तरफ मुड़ गई। इस संसार में श्रीकृष्ण के अतिरिक्त कोई ठौर नहीं, यह मीराँ ने भलीभाँति अनुभव कर लिया था। इसीलिए उन्होंने कहा—'मेरो तो गिरिधर गोपाल दूसरो न कोई', 'मैं तो गिरिधर आगे नाचूँगी'। इसीलिए लोगों ने उन्हें बावरी कहा। मीराँ काव्य में भक्ति, शृंगार और शान्त रस की त्रिवेणी बह रही है जिसमें जीव, जगत् और जीवन की नश्वरता और अनित्यता एवं क्षणभंगुरता का वर्णन है। मीराँ के आराध्य कभी निर्गुण ब्रह्म हैं तो कभी सगुण श्रीकृष्ण, कभी निर्मोही परदेसी जोगी हैं परन्तु

अधिकांश उन्होंने मोर मुकुटधारी, बाँसुरीधारक श्रीकृष्ण की ही उपासना की है जो सगुण कृष्ण भक्ति का मेरुदंड है। मीराँ के पद गेय हैं। संगीतात्मकता उसकी महती विशेषता है। मीराँ के पदों में लोक प्रचलित शब्दों और मुहावरों का प्रयोग हुआ है। डॉ. रामकुमार वर्मा के शब्दों में, "गीति-काव्य के अनुसार मीराँ कविता का आदर्श हैं। मीराँ की भाषा में ब्रज, गुजराती और राजस्थानी के साथ-साथ पंजाबी और खड़ी बोली के शब्द भी मिलते हैं।" आचार्य परशुराम चतुर्वेदी मानते हैं कि मीराँ ने कम-से-कम पन्द्रह प्रकार के छन्दों का प्रयोग किया। मीराँ के पद विभिन्न रागों में विभाजित हैं। हिन्दी साहित्य कोश में 'मीराँ पदावली' में कहा गया है कि सहज, सरल और सम्प्रेषण भावों की कवयित्री मीराँ काव्य की कलाविहीनता ही उसकी कलात्मकता है, सहजता ही उसका सौन्दर्य है।

मीराँ ने तत्कालीन समाज की नारी-विरोधी बनावटी धर्म और आस्था की मान्यताओं का कसकर विरोध ही नहीं किया बल्कि साक्षात् अपने जीवन द्वारा उसका प्रमाण भी दिया और राजस्थानी संस्कृति के साथ-साथ तीज-त्योहारों, पर्वों, मेलों में सम्पूर्ण भारतीय संस्कृति का दिग्दर्शन कराया है। माधुर्य और द्वैत भक्ति के माध्यम से मीराँ ने ऐसे शब्दों का भी प्रयोग किया है जिससे प्रतीत होता है कि वह शब्द-योग की भी साधना कर चुकी थीं, जैसे—अमर रस, निरत, सुरत, सुमिरन इत्यादि। कहा जा सकता है कि मध्यकालीन अवरुद्ध वातावरण में 'मीराँ' ने न केवल भक्ति की अलख जगा बल्कि नारी-शक्ति को भी संकेन्द्रित किया।

मीराँ पदावली

मन रे परस हरि के चरण। (टेक)
सुभग शीतल कमल कोमल, त्रिविध ज्वाला हरण।
जे चरण प्रह्लाद परसे, इंद्र पदवी धरण॥
जिन चरण ध्रुव अटल कीने, राखि अपनी शरण।
जिन चरण ब्रम्हांड भेट्यो, नख शिखौ श्री भरण॥
जिन चरण प्रभु परसि लीने, तरी गोतम घरण।
जिन चरण कालीहि नाथ्यो, गोप लीला करण॥
जिन चरण धार्‌यो गोवर्धन, गरब मघवा हरण।
दासि मीराँ लाल गिरधर अगम तारण तरण॥ 1॥

बसो मोरे नैनन में नंदलाल। (टेक)
मोहनी मूरति साँवरि सूरति, नैना बने विशाल।
अधर सुधारस मुरली राजित, उर वैजन्ती माल॥
क्षुद्र घंटिका कटितट सोभित, नूपुर शब्द रसाल।
मीराँ के प्रभु संतन सुखदाई, भक्त बछल गोपाल॥ 2॥

हरि! मेरे जीवन प्राण-आधार। (टेक)
और आसिरो नाहिन तुम बिन, तिनुं लोक मंझार॥
आप बिना मोहि कछु न सुहावे, निरख्यौ सब संसार।
मीराँ कहै मैं दासी राव की दीज्यौ मती बिसार॥ 3॥

तनक हरि चितवौ जी मोरी ओर। (टेक)
हम चितवत तुम चितवत नाहीं, दिल के बड़े कठोर।
म्हारी आसा चितवनि तुमरी, और न दूजी दोर॥
तुमसे हमकूँ तो तुम ही हो, हम सी लाख करोर।

ऊभी ठाढ़ी अरज करत हूँ, अरज करत भयो भोर॥
मीराँ के प्रभु हरि अविनासी, दूँगी प्राण अकोर॥ 4॥

हे री माँ! नंद को गुमानी म्हारे मनड़ बस्यो। (टेक)
गहे द्रुम-डार कदम की ठाड़ो, मृदु मुस्क्याय म्हारी ओर हँस्यो॥
पीतांबर कटि काछनी काछे, रतन जटित सिर मुकुट कस्यो।
मीराँ के प्रभु गिरधर नागर, निरख बदन म्हारो मनड़ो फँस्यो॥ 5॥

निपट बंकट छवि नैना अटके। (टेक)
देखत रूप मदन मोहन को, पियत पियूष न मटके।
वारिज भवाँ अलक टेढ़ी मानो, अति सुगंध रस अटके।
टेढ़ी कटि टेढ़ी कर मुरली, टेढ़ी पाग लर लटके।
मीराँ प्रभु के रूप लुभानी, गिरधर नागर नट के॥ 6॥

जब तें मोहि नंदनंदन दृष्टि पर्यो माई।
तबतैं परलोक लोक, कछु नाँ सुहाई॥ (टेक)
मोरन की चंद्रकला, सीस मुकुट सोहै।
केसर को तिलक भाल, तीन लोक मोहै॥
कुंडल की अलक-झलक, कपोलन पर छाई।
मानो मीन सरवर तजि, मकर मिलन आई॥
भृकुटि कुटिल चपल नयन, चितवन से टौना।
खंजन अरु मधुप मीन, मोहै मृग-छौना॥
अधर बिम्ब अरुण नयन, मधुर मंद हाँसी।
दसन दमक दाड़िम द्युति, दमकै चपला-सी॥
कंबु कंठ भुज विसाल, ग्रीव तीन रेखा।
नटवर को भेष मानु, सकल गुण विसेखा॥
छुद्र घंट किंकिनी, अनूप धुन सुहाई।
गिरधर के अंग-अंग, मीराँ बलि जाई॥ 7॥

नैनां लोभी रे बहुरि सके नहिं आय। (टेक)
रोम-रोम नख-सिख सब निरखत, ललच रहे ललचाय॥
मैं ठाढ़ी गृह आपने रे, मोहन निकसे आय।
सारंग ओट तजे कुल अंकुस, बदन दिये मुसकाय॥
लोक कुटंबी बरज बरज ही, बतियाँ कहत बनाय।

चंचल चपल अटक नहिं मानत, पर हथ गये बिकाय॥
भली कहो कोइ बुरी कहो मैं, सब लई सीस चढ़ाय।
मीराँ कहे प्रभु गिरधर के बिन, पल भर रह्यो न जाय॥ 8॥

आली री मेरे नयनन बान पड़ी। (टेक)
चित्त चढ़ी मेरै माधुरी मूरत, उर बिच आन अड़ी॥
कब की ठाड़ी पंथ निहारूँ, अपने भवन खड़ी।
कैसे प्राण पिया बिन राखूँ, जीवन मूल जड़ी॥
मीराँ गिरधर हाथ बिकानी, लोग कहै बिगड़ी॥ 9॥

मेरे तो गिरधर गोपाल दूसरौ न कोई। (टेक)
जाके सिर मोर मुकुट, मेरो पति सोई॥
छांडि दई कुल की कानि, कहा करि है कोई।
संतन ढिग बैठि-बैठि, लोकलाज खोई॥
अँसुवन जल सींचि-सींचि प्रेम-बेल बोई।
अब तो बेल फैलि गई, आणँद फल होई॥
दूध की मथनिया, बड़े प्रेम से बिलोई।
दधि मथि घृत काढ़ि लियो, डारि दयी छोई॥
भगत देखि राजी हुई, जगत देखि रोई।
दासि मीराँ लाल गिरधर, तारो अब मोही॥ 10॥

मैं तो साँवरे के रँग राची। (टेक)
साजि सिंगार, बाँधि पग घुंघरू, लोकलाज तजि नाची॥
गई कुमति, लई साध की संगत, भगत रूप भई साँची।
गाइ-गाइ हरि के गुन निसिदिन, काल-व्याल सों बाँची॥
उण बिन सब जग खारो लागत, और बात सब काँची।
मीराँ श्री गिरधरन लाल सूँ, भगत रसीली जाँची॥ 11॥

मैं तो गिरधर के घर जाऊँ। (टेक)
गिरधर म्हारो साँचो प्रीतम, देखत रूप लुभाऊँ॥
रैण पड़ै तब ही उठि जाऊँ, भोर भये उठि आऊँ।
रैण-दिनां वाके संग खेलूँ, ज्यूँ-त्यूँ ताहि रिझाऊँ॥
जो पहिरावै सोई पहिरूँ, जो देवै सोइ खाऊँ।

मेरी उण की प्रीत पुराणी, उण विन पल न रहाऊँ॥
जहाँ बैठावे तित ही बैठूँ, बेचै तो बिक जाऊँ।
मीराँ के प्रभु गिरधर नागर, बार बार बलि जाऊँ॥ 12॥

माई री! मैं तो लियो गोविन्दो मोल। (टेक)
कोई कहै छानै, कोई कहै चौड़े, लियो री बजंतां ढोल॥
कोई कहै मुँहघो, कोई सुँहधो, लियो री तराजू तोल।
कोई कहै कारो, कोई कहै गोरो, लियो री अमोलिक मोल॥
याही कूँ सब लोग जाणत है, लियो री आँखी खोल।
मीराँ कूँ प्रभु दरसण दीज्यो, पूरब जनम को कोल॥ 13॥

मैं गिरधर रंग राती, सैयां मैं। (टेक)
पचरंग चोला पहर सखी मैं, झिरमिट खेलन जाती।
ओह झिरमिट मां मिल्यो साँवरो, खोल मिली तन गाती॥
जिनका पिया परदेस बसत है, लिख लिख भेजे पाती।
मेरा पिया मेरे हीय बसत है, ना कहुँ आती जाती॥
चंदा जायगा, सूरज जायगा, जायगी धरण अकासी।
पवन-पाणी दोनूँ ही जायेंगे, अटल रहै अविनासी॥
सुरत-निरत का दिवला सँजो ले, मनसा की करले बाती।
प्रेम-हटी का तेल मँगा ले, जगे रह्या दिन-राती॥
सतगुरु मिलिया, सांसा भाग्या, सैन बताई साँची।
ना घर तेरा, ना घर मेरा, गावै मीराँ दासी॥ 14॥

बड़े घर ताली लागी रे,
म्हारा मन री उणारथ भागी रे। (टेक)
छीलरियै म्हारो चित नहीं रे, डाबरिये कुण जाव?
गंगा-जमना सूँ काम नहीं रे, मैं तो जाइ मिलूँ दरियाव।
हाल्याँ-मोल्याँ सूँ काम नहीं रे, सीख नहीं सिरदार।
कामदारां सूँ काम नहीं रे, मैं तो जाब करूँ दरबार।
काच-कथीर सूँ काम नहीं रे, लोहा चढै सिर भार।
सोना-रूपा सूँ काम नहीं रे, म्हारै हीरां रो वौपार।
भाग हमारो जागियो रे, भयो समँद-सूँ सीर।
इमरत प्याला छाँडि कै, कुण पीवै कड़वो नीर।

पीपा कूँ परचो दीन्हो, दिया रे खजीना पूर।
मीराँ के प्रभु गिरधर नागर, धणी मिल्या छै हजूर॥ 15॥

मीराँ लागो रंग हरी, औरन रंग सब अटक परी॥ (टेक)
चूड़ो म्हाँरे तिलक अरु माला, सील-बरत सिणगारो।
और सिंगार म्हाँरे दाय न आवै, यो गुर ग्यान हमारो।
कोई निन्दो, कोई बिन्दो, म्हें तो गुण गोविन्द का गास्याँ।
जिण मारग म्हाँरा साध पधारै, उण मारग म्हे जास्याँ।
चोरी न करस्याँ, जिव न सतास्याँ, कांई करसी म्हाँरो कोई।
गज से उतर के खर नहिं चढ़स्याँ, ये तो बात न होई॥ 16॥

आवो सहेल्याँ रली कराँ हे, पर घर गवण निवारि॥
झूँठी माणिक मोतिया री, झूँठी जगमग जोति।
झूँठा सब आभूषणाँ री, साँची पियाजी री प्रीति॥
झूँठा पाट पटंबरा रे, झूँठा दिखणी चीर।
साँची पियाजी री गूदड़ो, जामे निरमल रहै सरीर॥
छप्पन भोग बुहाइ दे हे, इन भोगनि में दाग।
लूँण अलूँणो ही भलो हे, अपणे पियाजी को साग॥
देखि विराणै निवाँण कूँ हे, क्यूँ उपजावै खीज।
कालर अपणो ही भलो हे, जामें निपजै चीज॥
छैल विराणो लाख को हे, अपणे काज न होइ।
ताके संग सिधारताँ हे, भला न कहसी कोइ॥
वर हीणों अपणों भलो हे, कोढ़ी कुष्टी होइ।
जाके संग सिधारताँ हे, भलां कहै सब कोइ॥
अबिनासी सो बालमा हे, जिनसूँ साँची प्रीत।
मीराँ कूँ पिरभु जी मिल्या हे, ये ही भगति की रीत॥ 17॥

बरजी मैं काहू की नाहिं रहूँ। (टेक)
सुनो री सखी तुमसों या मन की, साँची बात कहूँ॥
साधु संगति करि हरि सुख लेऊँ, जगतैं हौं दूरि रहूँ।
तन मन धन मेरो सब ही जावो, भल मेरो सीस लहूँ॥
मन मेरो लागो सुमिरन सेती, सबका मैं बोल सहूँ।
मीराँ के प्रभु गिरिधर नागर, सतगुरु शरण गहूँ॥ 18॥

नहिं भावै थाँरो देसड़लो रंग-रूड़ो। (टेक)
थाँरा देसां में राणा! साध नहीं छै, लोग बसै सब कूड़ो।
गहणा-गांठा हम सब त्याग्या, त्याग्यो कर रो चूड़ो।
काजल-टीकी हम सब त्याग्या, त्याग्यो बांधन जूड़ो।
मीराँ के प्रभु गिरिधर नागर, वर पायो छै पूरो॥ 19॥

राणाजी! थे क्याँनै राखो म्हाँसूं बैर। (टेक)
थे तो राणाजी म्हाँनै इसड़ा लागो, ज्यूँ बिरछन में कैर।
महल-अटारी हम सब त्याग्या, त्याग्यो थाँरो सहर।
काजल-टीको हम सब त्याग्या, भगवीं चादर पहर।
थाँरै रूस्याँ राणा! कुछ नहिं बिगडै, अब हरि कीन्ही महर।
मीराँ के प्रभु गिरिधर नागर, इमरत कर दियो जहर॥ 20॥

पग घुंघरू बाँध मीराँ नाची रे। (टेक)
मैं तो अपने नारायण की, आपही हो गई दासी रे।
विष का प्याला राणाजी ने भेज्या, पीवत मीराँ हाँसी रे।
लोक कहे मीराँ भई बावरी, बाप कहे कुल नासी रे।
मीराँ के प्रभु गिरिधर नागर, हरि चरणाँ की दासी रे॥ 21॥

राणाजी थे जहर दियो म्हे जाणी। (टेक)
जैसे कंचन दहत अगिन में, निकसत बाराबांणी।
लोक लाज कुल-काण जगत की, दइ बहाय जस पांणी।
अपणे घर का परदा करले, मैं अबला बौरांणी।
तरकस तीर लग्यो मेरे हियरे, गरक गयो सनकांणी।
सब संतन पर तन मन वारों, चरण कंवल लपटांणी।
मीराँ को प्रभु राखि लई है, दासी अपणी जांणी॥ 22॥

मीराँ मगन भई हरि के गुण गाय। (टेक)
साँप पिटारा राणा भेज्या, मीराँ हाथ दियो जाय।
न्हाय धोय जब देखण लागी, सालिगराम गइ पाय।
जहर का प्याला राणा भेज्या, अमृत दीन्ह बनाय।
न्हाय धोय जब पीवण लागी, हो अमर अँचाय।
सूल सेज राणा ने भेजी, दीज्यो मीराँ सुलाय।
साँझ भई मीराँ सोवण लागी, मानों फूल बिछाय।

मीराँ के प्रभु सदा सहाई, राखे बिघन हटाय।
भजन भाव में मस्त डोलती, गिरधर पै बलि जाय॥ 23॥

हेली म्हाँसूँ हरि बिन रह्यो न जाय। (टेक)
सास लड़ै मेरी ननद खिजावै, राणाँ रह्यो रिसाय।
पहरो भी राख्यो चौकी बिठार्यो, ताला दियो जुड़ाय।
पूर्व जनम की प्रीत पुराणी, सो क्यूँ छोड़ी जाय।
मीराँ के प्रभु गिरधर नागर, और न आवै म्हारी दाय॥ 24॥

जोगिया जी निसदिन जोऊँ बाट। (टेक)
पाँव न चालै, पथ दुहेलो, आडा औघट घाट।
नगर आइ जोगी रम गया रे, मो मन प्रीत न पाइ।
मैं भोली भोलापन कीन्हों, राख्यौ नहिं बिलमाइ।
जोगिया कूँ जोवत बोहो दिन बीत्या, अजहूँ आयो नाहिं।
विरह बुझावण अन्तरि आवो, तपत लगी तन माँहि।
कै तो जोगी जग में नाहीं, कैर बिसारी मोइ।
काँइ करूँ कित जाऊँरी सजनी, नैण गुमाया रोइ।
आरति तेरी अन्तरि मेरे, आओ अपनी जाण।
मीराँ व्याकुल बिरहिणी रे, तुम बिनि तलफत प्राण॥ 25॥

सूरदास

सूरदास कृष्ण-भक्तिधारा के शिरोमणि कवि हैं। हिन्दी साहित्य का स्वर्णयुग भक्तिकाल सूरदास की काव्य-प्रतिभा से ओत-प्रोत है। ब्रजभाषा के ये सर्वश्रेष्ठ कवि हैं, इसमें कोई विवाद नहीं है। अपने आराध्य कृष्ण के जीवनवृत्त को सूरदास ने सशक्त ब्रजभाषा में जीवन्त बना दिया। कृष्ण काव्यधारा का अन्य कोई कवि इनके आस-पास भी नहीं ठहरता। रामचन्द्र शुक्ल सूरदास के विषय में लिखते हैं—"सूर की रचना इतनी प्रगल्भ और काव्यांगपूर्ण है कि आगे होने वाले कवियों की उक्तियाँ सूर की जूठी मालूम पड़ती हैं।"

सूरदास के जीवन के विषय में प्रामाणिक रूप से कुछ भी कहना सम्भव नहीं है। इनका जन्म फरीदाबाद जिले के अन्तर्गत सीही ग्राम में संवत् 1535 (सन् 1478) के लगभग होना अनुमानित है। सूरदास जन्मांध थे या बाद में किसी कारणवश नेत्रहीन हो गए, यह विषय अभी तक विवादास्पद है। सूरदास अपना घर त्यागकर बाद में मथुरा-आगरा मार्ग पर स्थित गऊघाट पर रहने लगे। ईश्वर-भजन में इनका अधिकांश समय व्यतीत होता था। यहाँ पर इनकी भेंट वल्लभाचार्य से हुई। इन्होंने सूरदास को दीक्षा देकर लीला गायन की ओर प्रवृत्त किया। वल्लभाचार्य ने सूरदास को श्रीनाथ मन्दिर के कीर्तन का दायित्व सौंपा।

सूरदास का देहावसान सन् 1581 ई. के आस-पास पारसौली गाँव में हुआ। सूरदास की मृत्यु पर शोक-विह्वल विट्ठलनाथ ने कहा था—

पुष्टिमार्ग का जहाज जात है
सो जाको कुछ लेना हो सो लेऊ।

सूरदास के नाम के साथ करीब 25 रचनाओं का कृतित्व जुड़ता है परन्तु इनकी प्रामाणिकता सन्दिग्ध है। प्रामाणिक रूप से सूरदास की तीन कृतियाँ ही स्वीकृत हैं—'सूरसागर', 'सूरसारावली' तथा 'साहित्यलहरी'।

'सूरकाव्य' हिन्दी साहित्य में महत्त्वूर्ण स्थान रखता है। इनकी भक्ति-भावना सर्वश्रेष्ठ है। भक्तों में सूरदास का स्थान सर्वोपरि है। विनय-भाव की भक्ति तो सूरकाव्य की आधारशिला है—

चरण कमल बंदौ हरि राई

× × ×

मेरो मन अनत कहाँ सुख पावे

सूरदास अपने आराध्य कृष्ण के प्रति अपना सर्वस्व उनके चरणों में अर्पित करते हैं। पुष्टिमार्ग भक्तों ने सूर को 'पुष्टिमार्ग का जहाज' कहकर उनकी भक्तिपरक विशिष्टता, साम्प्रदायिक निष्ठा एवं आस्था को व्यक्त किया है। उनकी भक्ति-भावना में विभिन्न प्रकार के भाव समाहित हैं। सूरदास की भक्ति-भावना का मेरुदंड पुष्टिमार्ग का सिद्धान्त भगवद् अनुग्रह है। मुख्य रूप से वात्सल्य, साख्य, कान्ता और माधुर्य भाव की नाना पद्धतियों में भाव-व्यंजना से लीन रहे। पुष्टिमार्ग में दीक्षित होने से पूर्व वे विनय के पदों की रचना किया करते थे। सूर उच्चकोटि के भक्त थे। उनकी भक्ति अन्त:करण की प्रेरणा और अन्तर की अनुभूति थी।

भाव की दृष्टि से इनका कृष्ण की बाल-लीला प्रसंगों में कोई सानी नहीं। इस क्षेत्र के यह अद्वितीय कवि हैं। सूरदास ने कृष्ण और यशोदा के माध्यम से वात्सल्य का ऐसा अमर चित्र खींचा है कि सूरदास के साथ-साथ कृष्ण और यशोदा को भी अमरत्व प्रदान हो गया। कृष्ण की बाल-लीलाओं का सूक्ष्म चित्रण, एक-एक बाल सुलभ चेष्टा का मनोवैज्ञानिक आधार खोजना उनकी कवि सुलभ दूरदृष्टि का ही ज्वलन्त प्रतीक है। वात्सल्य का एक चित्र इस प्रकार है—

जशोदा हरि पालनै झुलावै
हलरावै, दुलरावै, मल्हावै, जोइ सोइ कछु गावै

कृष्ण के मथुरा-गमन करते ही सारा वात्सल्य वियोग में परिवर्तित हो जाता है। यशोदा कृष्ण के बिना बावली होकर नन्द से पूछती है—

जसोदा कान्ह-कान्ह कै बूझै।
फूटि न गई तिहारी चारों कैसे मारग सूझै।

वात्सल्य के साथ-साथ शृंगार रस के माध्यम से सूरदास ने राधा-कृष्ण एवं गोपियों और कृष्ण के मनोरम प्रेम को चित्रित किया है। शुक्ल इस प्रेम को जीवनोत्सव कहते हैं।

"बिना आँखों के सूरदास वात्सल्य और शृंगार का कोना-कोना झाँक आए थे।"

इनकी प्रसिद्धि का एक अन्य आधार 'भ्रमरगीत' है। 'भ्रमरगीत' के माध्यम से सूरदास ने गोपी-उद्धव वार्तालाप को विलक्षण रंग दिया है। शृंगार का वियोग पक्ष यहाँ मूर्तिमान हो उउता है। कृष्ण के मथुरा चले जाने से सारा ब्रज सूना हो गया है। विरह विदग्ध गोपियों, राधा और ब्रजवासियों को जब उद्धव कृष्ण के रूप में योग

की शिक्षा देना प्रारम्भ करते हैं तो गोपियाँ कटाक्ष के साथ भँवरे के बहाने से कृष्ण और उद्धव पर व्यंग्य बाण चलाती हैं—

मधुकर काके मीत भए।
धौस चारि करि प्रीति सगाई, रस लै अनत गए।

× × ×

ऊधो मन न भए दस बीस
एक हुतौ सो गयो श्याम संग, को आराधै ईस।

सूरदास का काव्य भाव के स्तर पर ही नहीं, कला पक्ष की दृष्टि से भी अनुपम है। ब्रज भाषा का उत्कर्ष उनके काव्य में मिलता है। शुद्ध, परिष्कृत, परिनिष्ठित, प्रांजल ब्रजभाषा सूर काव्य की विशेषता है। संगीतात्मकता सूरकाव्य की एक अन्यतम विशेषता है। सूर के समस्त पद गेय हैं। वात्सल्य, शान्त रस, शृंगार उनके काव्य की उपलब्धि हैं।

सूर हिन्दी साहित्य के आकाश में एक उज्ज्वल नक्षत्र हैं, जिनके प्रकाश से शेष कवि प्रेरणा ग्रहण करते हैं।

भ्रमरगीत सार

राग सारंग

हम तो नन्दघोस की बासी।
नाम गोपाल, जाति कुल गोपहि, गोप-गोपाल-उपासी॥
गिरवरधारी गोधनचारी, बृन्दाबन-अभिलासी।
राजा नंद जसोदा रानी, जलधि नदी जमुना सी॥
प्रान हमारे परम मनोहर कमलनयन सुखरासी।
सूरदास प्रभु कहौं कहाँ लौं अष्ट महासिधि दासी॥ 20॥

राग केदार

गोकुल सबै गोपाल-उदासी।
जोग-अंग साधत जे ऊधो ते सब बसत ईसपुर कासी॥
यद्यपि हरि हम तजि अनाथ करि तदपि रहति चरननि रसरासी।
अपनी सीतलताहि न छाँडत यद्यपि है ससि राहु-गरासी॥
का अपराध जोग लिखि पठवत प्रेम भजन तजि करत उदासी।
सूरदास ऐसी को बिरहिन माँ गति मुक्ति तजे गुनरासी?॥ 21॥

राग धनाश्री

जीवन मुँहचाही को नीको।
दरस परस दिन रात करति है कान्ह पियारे पी को॥
नयनन मूँदि-मूँदि किन देखौ बँध्यो ज्ञान पोथी को।
आछे सुन्दर स्याम मनोहर और जगत सब फीको॥
सुनौ जोग को कालै कीजे जहाँ ज्यान है जी को?
खाटी मही नहीं रुचि मानै सूर खबैया घी को॥ 22॥

राग काफी

आयो घोष बड़ो व्योपारी।
लादि खेप गुन ग्यान-जोग की ब्रज में आन उतारी॥

फाटक दैकर हाटक माँगत भोरै निपट सुधारी।
धुर ही तें खोटो खायो है लये फिरत सिर भारी॥
इनके कहे कौन डहकावै ऐसी कौन अजानी?
अपनो दूध छाँडि को पीवै खार कूप को पानी॥
ऊधो जाहु सबार यहाँ तें बेगि गहरु जनि लावौ।
मुँहमाँग्यो पैहो सूरज प्रभु साहुहि आनि दिखावौ॥ 23॥

जोग ठगौरी ब्रज न बिकैहै।
यह व्योपार तिहारो ऊधो! ऐसोई फिरि जैहै॥
जापै लै आए हौ मधुकर ताके उर न समैहै।
दाख छाँड़ि कै कटुक निंबौरी को अपने मुख खैहै?
मूरी के पातन के केना को मुक्ताहल दैहै।
सूरदास प्रभु गुनहि छाँड़ि कै को निर्गुन निबैहै?॥ 24॥

राग नट

आए जोग सिखावन पाँड़े।
परमारथी पुराननि लादे ज्यों बनजारे टाँड़े॥
हमारी गति पति कमलनयन की जोग सिखैं ते राँड़े।
कहौ मधुप, कैसे समायँगे एक म्यान दो खाँड़े॥
कहु षटपद, कैसे खैयतु है हाथिन के संग गाड़े।
काकी भूख गई बयारि भखि बिना दूध घृत माँड़े॥
काहे जो झाला लै मिलवत, कौन चोर तुम डाँड़े।
सूरदास तीनों नहिं उपजत धनिया धान कुम्हाँड़े॥ 25॥

राग बिलावल

ए अलि! कहा जोग में नीको।
तजि रसरीति नंदनंदन की सिखवत निर्गुन फीको॥
देखत सुनत नाहि कछु स्रवननि, ज्योति ज्योति करि ध्यावत।
सुन्दर स्याम दयालु कृपानिधि कैसे हौ बिसरावत?
सुनि रसाल मुरली-सुर की धुनि सोइ कौतुक रस भूलैं।
अपनी भुजा ग्रीव पर मेलैं, गोपिन के सुख फूलैं॥
लोककानि कुल को भ्रम प्रभु मिलि-मिलि कै घर बन खेली।
अब तुम सूर खवावन आए जोग जहर की बेली॥ 26॥

राग मलार

हमरे कौन जोग व्रत साधै?
मृगत्वच, भस्म अधारि, जटा को को इतनौ अवराधै?
जाकी कहूँ थाह नहिं पैए, अगम, अपार, अगाधै।
गिरिधर लाल छबीले मुख पर इते बाँध को बाँधै?
आसन पवन बिभूति मृगछाला ध्याननि को अवराधै?
सूरदास मानिक परिहरि कै राख गाँठि को बाँधै? ॥ 27 ॥

राग धनाश्री

हम तो दुहूँ भाँति फल पायो।
को ब्रजनाथ मिलैं तो नीको, नातरु जग जस गायो॥
कहँ बै गोकुल की गोपी सब बरनहीन लघु जाती।
कहँ बै कमला के स्वामी संग मिल बैठीं इक पाँती॥
निगमध्यान मुनि ज्ञान अगोचर, ते भए घोष निवासी।
ता ऊपर अब साँच कहो धौं मुक्ति कौन की दासी?
जोग-कथा, पा लागों ऊधो, ना कहु बारंबार।
सूर स्याम तजि और भजै जौ ताकी जननी छार॥ 28॥

राग कान्हरो

पूरनता इन नयनन पूरी।
तुम जो कहत स्त्रवननि सुनि समुझत, ये याही दुख मरति बिसूरी॥
हरि अंतर्यामी सब जानत बुद्धि विचारत बचन समूरी।
वै रस रूप रतन सागर निधि क्यों मनि पाय खवावत धूरी॥
रहु रे कुटिल, चपल, मधु लंपट, कितब सँदेस कहत कटु कूरी।
कहँ मुनिध्यान कहाँ ब्रजयुवती! कैसे जात कुलिस करि चूरी॥
देखु प्रगट सरिता, सागर, सर, सीतल सुभग स्वाद रुचि रूरी।
सूर स्वातिजल बसै जिय चातक चित्त लागत सब झूरी॥ 29 ॥

राग धनाश्री

कहतें हरि कबहूँ न उदास।
राति खवाय पिवाय अधररस क्यों बिसरत सो व्रज को बास॥
तुमसों प्रेमकथा को कहिबो मनहुँ, काटिबो घास।

बहिरो तान-स्वाद कहँ जानै, गूँगो-बात-मिठास।
सुनु री सखी, बहुरि फिरि ऐहैं वे सुख बिबिध बिलास।
सूरदास ऊधो अब हमको भयो तेहरों मास॥30॥

तेरो बुरो न कोऊ मानै।
रस की बात मधुप नीर सुनु, रसिक होत सो जानै॥
दादुर बसै निकट कमलन के जन्म न रस पहिचानै।
अलि अनुराग उड़न मन बाँध्यो कहे सुनत नहि कानै॥
सरिता चलै मिलन सागर को कूल मूल द्रुम भानै।
कायर वकै, लोह तें भाजै, लरै जो सूर बखानै॥ 31॥

धर ही के बाढ़े रावरे।
नाहिन मीत वियोगबस परे अनवउगे अति बावरे!
भुख मरि जाय चरै नहिं तिनुका सिंह को यहै स्वभाव रे!
स्त्रवन सुधा-मुरली के पोषे, जोग-जहर न खवाव रे!
ऊधो हमहि सीख का दैहो? हरि बिनु अनत न टाँव रे!
सूरदास कहा लै कीजै थाही नदिया नाव रे॥ 32॥

राग मलार

स्याममुख देखे ही परतीति।
जो तुम कोटि जतन करि सिखवत जोग ध्यान की रीति॥
नाहिंन कछू सयान ज्ञान में यह हम कैसे मानैं।
कहौ कहा कहिए या नभ को कैसे उर में आनैं॥
यह मन एक, एक वह मूरति, भृंगकीट सम माने।
सूर सपथ दै बूझत ऊधो वह ब्रज लोग सयाने॥ 33॥

राग धनाश्री

लरिकाई को प्रेम, कहौ अलि, कैसे करिकै छूटत?
कहा कहौं ब्रजनाथ-चरित अब अंतरगति यों लूटत॥
चंचल चाल मनोहर चितवनि, वह मुसुकानि मंद धुन गावत।
नटवर भेस नंदनंदन को वह विनोद गृह वन तें आवत॥
चरनकमल की सपथ करति हौं यह संदेश मोहि विष सम लागत।
सूरदास मोहि निमिष न बिसरत मोहत मूरति सोवत जागत॥ 34॥

राग सोरठ

अटपटि बात तिहारी ऊधो सुनै सो ऐसी को है?
हम अहीरि अबला सठ, मधुकर! तिन्हैं जोग कैसे सौहै?
बूचिहि खुभी आँधरी काजर नकटी पहिरै बेसरि।
मुँडली पाटी पारन चाहै, कोढ़ी अंगहि केसरि॥
बहिरी सों पति मतो करै सो उतर कौन पै पावै?
ऐसो न्याव है ताको ऊधो जो हमैं जोग सिखावै॥
जो तुम हमको लाए कृपा करि सिर चढ़ाय हम लीन्हे।
सूरदास नरियर जो विष को करहि बंदना कीन्हे॥ 35॥

राग बिहागरो

बरु वै कुब्जा भलो कियो।
सुनि सुनि समाचार ऊधो मो कछुक सिरात हियो॥
जाको गुन, गति, नाम, रूप, हरि हारयो, फिरि न दियो।
तिन अपनो मन हरत न जान्यो हँसि हँसि लोग जियो॥
सूर तनक चंदन चढ़ाय तन ब्रजपति वस्य कियो।
और सकल नागरि नारिन को दासी दाँव लियो॥ 36॥

राग सारंग

हरि काहे के अंतर्यामी?
जौ हरि मिलत नहीं यहि औसर, अवधि बतावत लामी॥
अपनी चोप जाय उठि बैठे और निरस बेकामी।
सो कहँ पीर पराई जानै जो हरि गरुड़ागामी॥
आई उधरि प्रीति कलई सी जैसे खाटी आमी।
सूर इते पर अनख मरति हैं, ऊधो, पंवत मामी॥ 37॥

बिलग जनि मानहु, ऊधौ प्यारे!
वह मथुरा काजर की कोठरि जे आवहिं ते कारे॥
तुम कारे, सुफलकसुत कारे, कारे मधुप भँवारे।
तिनके संग अधिक छवि उपजत कमलनैन मनिआरे॥
मानहु नील माट तें काढ़े लै जमुना ज्यों पखारे।
ता गुन स्याम भई कालिंदी सूर स्याम-गुन न्यारे॥ 38॥

राग सारंग

अपनो स्वारथ को सब कोऊ।
चुप करि रहौ, मधुप रस-लंपट! तुम देखे अरु वोऊ॥
औरौ कछू सँदेस कहन को कहि पठयो किन सोऊ।
लीन्हे फिरत जोग जुवतिन को बड़े सयाने दोऊ॥
तब कत मोहन रास खिलाई जौ पै ज्ञान हुतोऊ?
अब हमरे जिय बैठो यह पद 'हानी होउ सो होऊ'॥
मिटि गयो मान परेखो ऊधो हिरदय हतो सो होऊ।
सूरदास प्रभु गोकुलनायक चित-चिन्ता अब खोऊ॥ 39॥

तुम जो कहत सँदेसों आनि।
कहा करौं वा नंदनंदन सो होत नहीं हितहानि॥
जोग-जुगुति किहि काज हमारे जदपि महा सुखखानि?
सने सनेह श्यामसुन्दर के हिलि मिलि कै मन मानि॥
सोहत लोह परसि ज्यों सुबरन बारह बानि।
पुनि वह चोप कहाँ चुम्बक ज्यों लटपटाय लपटानि॥
रूपरहित नीरासा निरगुन निगमहु परत न जानि।
सूरदास कौन बिधि तासों अब कीजै पहिचानि॥ 40॥

राग धनाश्री

हम तौ कान्ह केलि की भूखी।
कैसे निरगुन सुनहि तिहारी बिरहिनी बिरह-बिदूखी?
कहिए कहा यहौ नहिं जानत काहि जोग है जोग।
पा लागौं तुमहीं सो वा पर बसत बावरे लोग॥
अंजन, अभरन, चीर, चारु बरु नेक आप तन कीजै।
दंड कमंडल, भस्म अधारी जो जुवतिन को दीजै॥
सूरदास देखि दृढ़ता गोपिन की ऊधो यह ब्रत पायो।
कहै 'कृपानिधि हो कृपाल हो! प्रेमै पढ़न पठायो'॥ 41॥

अँखियाँ हरि-दरसन की भूखी।
कैसे रहैं रूपरसराची ये बतियाँ सुनि रूखी॥
अवधि गनत इकटक मग जोवत तब एती नहिं झूखी।
अब इन जोग-सँदेसन ऊधो अति अकुलानी दूखी॥

बारक वह मुख फेरि दिखाओ दुहि पय पिवत पतूखी।
सूर सिकत हटि नाव चलायो ये सरिता हैं सूखी॥ 42॥

राग सारंग

जाय कहौ बूझी कुसलात।
जाके ज्ञान न होय सो मानै कही तिहारी बात॥
कारो नाम, रूप पुनि कारो, कारे अंग सखा सब गात।
जो पै भले होत कहुँ कारे तौं कत बदलि सुता लै जात॥
हमको जोग, भेग कुबजा को काके हिये समात?
सूरदास सेए सो पति कै पाले जिन्ह तेही पछितात॥ 43॥

कहाँ लौं कीजै बहुत बड़ाई।
अतिहि अगाध अपार अगोचर मनसा तहाँ न जाई॥
जल बिनु तरँग, भीति बिनु चित्रन, बिन चित ही चतुराई।
अब ब्रज में अनरीति कछु यह ऊधो आनि चलाई॥
रूप न रेख, बदन, बपु जाके संग न सखा सहाई।
ता निर्गुन सों प्रीति निरंतर क्यों निबहै, री माई?
मन चुभि रही माधुरी मूरति रोम-रोम अरुआई।
हौं बलि गई सूर प्रभु ताके जाके स्याम सदा सुखदाई॥ 44॥

राग मलार

काहे को गोपीनाथ कहावत?
जो पै मधुकर कहत हमारे गोकुल काहे न आवत?
सपने की पहिचानि जानि कै हमहिं कलंक लगावत।
जो पै स्याम कूबरी रीझे सो किन नाम धरावत?
ज्यों गजराज काज के औसर औरै दसन दिखावत।
कहन सुनन को हम हैं ऊधो सूर अनत बिरमावत॥ 45॥

अब कत सुरति होति है, राजन?
दिन दस प्रीति करी स्वारथ-हित रहत आपने काजन॥
सबै अयानि भईं सुनि मुरली ठगीं कपट की छाजन।
अब मन भयो सिंधु के खग ज्यों फिरि फिरि सरत जहाजन॥
वह नातो टूटो ता दिन तें सुफलकसुत-सँग भाजन।
गोपीनाथ कहाय सूर प्रभु कत मारत हौ लाजन॥ 46॥

राग सोरठ

लिखि आई ब्रजनाथ की छाप।
बाँधे फिरत सीस पर ऊधो, देखत आवै ताप॥
नूतन रीति नंदनंदन की घर घर दीजत थाप।
हरि आगे कुब्जा अधिकारी, तातें है यह दाप॥
आए कहन जोग अवराधो अबिगत-कथा की जाप।
सूर सँदेसों सुनि नहिं लागै कहौ कौन को पाप॥ 47॥

राग सारंग

फिरि-फिरि कहा सिखावत बात?
प्रातकाल उठि देखत ऊधो घर घर माखन खात॥
जाकी बात-कहत हौ हमसों सो है हमसों दूरि।
ह्याँ है निकट जसोदानंदन प्रान-सजीवन भूरि॥
बालक संग लये दधि चोरत खात खबावत डोलत।
सूर सीस धुनि चौंकत नावहिं अब काहे न मुख बोलत?॥ 48॥

राग धनाश्री

अपने सगुन गोपालै, माई! यहि बिधि काहे देत?
ऊधो की ये निरगुन बातैं मीठी कैसे लेत?
धर्म, अधर्म कामना सुनावत सुख औ मुक्ति समेत॥
काकी भूख गई मन लाडू सो देखहु चित चेत।
सूर स्याम तजि को भुस फटकै मधुप तिहारे हेत?॥ 49॥

राग सारंग

हमको हरि की कथा सुनाव।
अपनी ज्ञानकथा हो ऊधो! मथुरा ही लै गाव॥
नागरि नारि भले बूझैंगी अपने बचन सुभाव।
पा लागों, इन बातनि, रे अलि! उनही जाय रिझाव॥
सुनि, प्रियसखा स्यामसुन्दर के जो पै जिय सति भाव॥
हरिमुख अति आरत इन नयननि बारक बहुरि दिखाव॥
जो कोउ कोटि जतन करे, मधुकर, बिरहिनि और सुहाव?
सूरदास मीनन को जल बिनु नाहिंन और उपाव॥ 50॥

जायसी

मलिक मुहम्मद जायसी सूफी काव्यधारा के सर्वश्रेष्ठ एवं प्रतिनिधि कवि हैं। महत्त्व एवं प्रतिष्ठा की दृष्टि से तुलसी, सूर एवं जायसी समकक्ष ठहरते हैं।

भक्तिकाल के अन्य कवियों की भाँति ही जायसी का जीवनवृत्त भी अप्राप्य है। अनुमान के आधार पर इनका जन्म 15वीं शताब्दी के अन्तिम चरण में हुआ होगा। डॉ. बच्चन सिंह ने अपने ग्रंथ 'हिन्दी साहित्य का दूसरा इतिहास' में जायसी का जन्म सन् 1464 ई. माना है। उनके जन्म-स्थान एवं जन्म-तिथि के विषय में मतभेद हैं। जन्म-स्थान उनकी रचना से ही लगता है—

जायस नगर धरम अस्थानू
तहाँ आइ कवि कीन्ह बखानू।

किन्तु आचार्य शुक्ल इन्हें (जायसी को) जायस नगर के निवासी मानते हैं। जायसी ने अपना गुरु सय्यद अशरफ को माना है। इन्होंने अपने पीर के सम्बन्ध में स्वयं लिखा है—

सय्यद अशरफ पीर हमारा
जिन्ह मोहि पंथ दीन्ह उजियारा।

जायसी पहले शेरशाह के आश्रय में रहे, फिर महाराज जगतदेव के आश्रय में रहे, परन्तु अमेठी के राजा रामसिंह के यहाँ इनका बहुत सम्मान था। अत्यधिक काव्य-रचना यहीं पर हुई। जायसी की मृत्यु अमेठी में हुई। उनकी कब्र अब भी अमेठी में है, कुछ विद्वान इनकी मृत्यु सन् 1542 ई. में हुई मानते हैं। शुक्ल जी ने जायसी के विषय में लिखा है—

> "जायसी बड़े भावुक भगवद्भक्त थे और अपने समय में बड़े ही सिद्ध और पहुँचे हुए फकीर माने जाते थे, पर कबीर के समान अपना एक निराला पंथ निकालने का हौसला उन्होंने कभी न किया। जिस मिल्लत या समाज में उनका जन्म हुआ, उसके प्रति विशेष कर्तव्यों के पालन के साथ-साथ वह सामान्य मनुष्य धर्म के सच्चे अनुयायी थे।"

जायसी के नाम के साथ ग्रंथों का सृजन जुड़ा हुआ है, किन्तु नागरी प्रचारिणी सभा, काशी द्वारा प्रकाशित 'जायसी ग्रंथावली' में केवल तीन ही रचनाओं का संकलन हुआ है—पद्मावत, अखरावट, आखिरी कलाम। चित्ररेखा, मसलानामा इत्यादि ग्रंथों का प्रकाशन भी हो गया है, पर जायसी की कीर्ति का आधार 'पद्मावत' ही है।

जायसी काव्य में सूफी रहस्यवाद पाया जाता है, किन्तु इस पर अद्वैतवाद का भी प्रभाव लक्षित किया जा सकता है। जायसी ने अपने काव्य में प्रेमिका को परमात्मा का प्रतीक तथा प्रेमी को आत्मा का प्रतीक माना है। 'पद्मावत' में पद्मावती का प्रेमखंड रहस्यवाद का सुन्दर निदर्शन है। 'पद्मावत' पूर्णरूपेण रहस्यवादी काव्य है। उदाहरणार्थ—

तन चितउर मन राऊर कीन्हा
हिय सिंघल बुधि पदमिनि चीन्हा।

जायसी ने प्रेमाख्यान के माध्यम से लौकिक प्रेम को अलौकिक प्रेम का रंग दिया है। लौकिक प्रेम में रत्नसेन मन का तथा पद्मावती बुद्धि का प्रतीक है तो अलौकिक प्रेम में वे आत्मा तथा परमात्मा का प्रतीक बन गए हैं।

जायसी ने अपने काव्य में श्रृंगार का सूक्ष्म एवं हृदयस्पर्शी चित्रण किया है। संयोग का एक चित्र—

साजन लेइ पठावा आयस जाइ न मेट
तन मन जोबन साजि के देह चली लेइ भेट।

प्रेम मार्ग में संयोग-वियोग दोनों के लिए स्थान है। नागमती का वियोग वर्णन हिन्दी साहित्य में एक महत्त्वपूर्ण संयोग है। इसके लिए उसने दो प्रयुक्तियाँ अपनाई हैं—नागमती और पक्षियों का संवाद तथा बारहमासा।

फिरि फिरि रोइ कोई नहि डोला
आधी रात बिहंगम बोला
× × ×
बरसै मघा झकोरि झकोरी
मोर दोउ नैन चुवइ जनु ओरी।

जायसी प्रेम की पीर के कवि हैं। उनके चित्रण में जो गहनता है, वह वस्तुतः मन की गहराई तक उतर जाती है।

जायसी ने 'पद्मावत' में लोकपक्ष का समावेश भी कर दिया है। जायसी का चरित्र-चित्रण एकदेशीय है। रत्नसेन एक आदर्श प्रेमी है, पद्मावती आदर्श प्रेयसी है। नागमती आदर्श पत्नी एवं गोरा-बादल आदर्श वीर हैं।

सूफी कवियों की यह अन्यतम विशेषता है कि उन्होंने प्रेम का प्रमुख साधन नारी को माना है।

नारी को उच्च स्थान देते हुए जायसी ने उसे परमात्मा का प्रतीक माना है। नारी एक नूर है, जिसके बिना विश्व सूना है। जायसी ने नारी सौन्दर्य का भी चित्रण किया है।

जायसी के काव्य में लोकजीवन का चित्रण पर्याप्त रूप में है। उनके काव्य में लोक चित्रण है, जैसे सर्वसाधारण का अन्धविश्वास, जादू-टोना, लोक-व्यवहार, तीर्थ-व्रत, सांस्कृतिक वातावरण आदि बड़ी सफलता से अंकित किए गए हैं। हिन्दू संस्कृति का परिचय भी जायसी काव्य में मिलता है।

सूफी प्रेम काव्यों में शैतान की सत्ता स्वीकार की गई है जो साधना मार्ग में व्यवधान उत्पन्न करता है। जायसी के 'पद्मावत' में राघव चेतन शैतान के रूप में वर्णित है।

जायसी की भाषा अवधी है। इसमें ठेठ अवधी है, जिसमें मिठास है। तुलसी की अवधी संस्कृतनिष्ठ है। जायसी ने दोहा-चौपाई-छन्दों का अवधी भाषा में सफल प्रयोग किया है। जायसी के काव्य में शृंगार रस प्रधान है, किन्तु साथ ही शान्त, करुण, बीभत्स जैसे रसों की भी अभिव्यक्ति हुई है। अलंकारों में अधिकतर उपमा, उत्प्रेक्षा, रूपक आदि का प्रयोग किया गया है, किन्तु साथ ही अतिशयोक्ति, अन्योक्ति अलंकार भी प्रयुक्त हुए हैं।

जायसी ने प्रबन्ध और मुक्तक, दोनों ही शैलियों का प्रयोग किया है। 'पद्मावत' महाकाव्य तो हिन्दी साहित्य का एक दुर्लभ रत्न है।

जायसी सूफी काव्यधारा में ही नहीं अपितु हिन्दी साहित्य में गौरवपूर्ण स्थान रखते हैं। हिन्दी प्रेमाख्यानों में जायसी के 'पद्मावत' का स्थान निश्चित रूप से सर्वोपरि है। बाबू गुलाबराय के अनुसार—"जायसी महान कवि हैं। उनमें कवि के समस्त सहज गुण विद्यमान हैं। वह अमर कवि हैं।"

नागमती-वियोग खंड

(1)

नागमती चितउर पथ हेरा। पिउ जो गए पुनि कीन्ह न फेरा॥
नागर काहु नारि बस परा। तेइ मोर पिउ मोसौं हरा॥
सुआ काल होइ लेइगा पीऊ। पिउ नहिं जात, जात बरु जीऊ॥
भएउ नरायन बाबँन करा। राज करत राजा बलि छरा॥
करन पास लीन्हेउ कै छन्दू। बिप्र रूप धरि झिलमिल इंदू॥
मानत भोग गोपिचँद भोगी। लेइ अपसवा जलंधर जोगी॥
लेइगा कृस्नहि गरुड़ अलोपी। कठिनबिछोह, जियहिंकिमिगोपी?
सारस जोरी कौन हरि, मारि बियाधा लीन्ह?
झुरि झुरि पींजर हौं भई, बिरह काल मोहि दीन्ह॥

(2)

पिउ बियोग अस बाउर जीऊ। पपिहा निति बोले 'पिउ पीऊ॥'
अधिक काम दाधे सो रामा। हरि लेइ सुवा गएउ पिउ नामा॥
बिरह बान तस लाग न डोली। रक्त पसीज, भीजि गई चोली॥
सूखा हिया, हार भा भारी। हरे हरे प्रान तजहिं सब नारी॥
खन एक आव पेट महँ! सांसा। खनहिं जाइ जिउ, होइ निरासा॥
पवन डोलावहिं सींचहिं चोला। पहर एक समुझहिं मुख बोला॥
प्रान पयान होत को राखा? को सुनाव पीतम कै भाखा?
आजि जो मारै बिरह कै, आगि उठै तेहि लागि।
हंस जो रहा सरीर महँ, पाँख जरा, गा भागि॥

(3)

पाट महादेइ! हिये न हारू। समुझि जीउ, चित चेतु सँभारू॥
भौंर कँवल सँग होइ मेरावा। सँवरि नेह मालति पहँ आवा॥

पपिहै स्वाती सौं जस प्रीती। टेकु पियास, बाँधु मन थीती॥
धरतिहि जैस गगन सौं नेहा। पलटि आव बरषा ऋतु मेहा॥
पुनि बसंत ऋतु आव नवेली। सो रस, सो मधुकर, सो बेली॥
जिनि अस जीव करसि तू बारी। यह तरिवर पुनि उठिहि सवारी॥
दिन दस बिनु जल सूखि बिधंसा। पुनि सोइ सरवर सोई हंसा॥
मिलहिं जो बिछुरे साजन, अंकम भेंटि अहंत।
तपनि मृगसिरा जे सहैं, ते अद्रा पलुहंत॥

(4)

चढ़ा असाढ़, गगन घन गाजा। साजा बिरह दुंद दल बाजा॥
धूम, साम, धौरे घन घाए। सेत धजा बग पाँति देखाए॥
खड़ग बीजु चमकै चहुँ ओरा। बुंद बान बरसहिं घन घोरा॥
ओनई घटा आइ चहुँ फेरी। कंत! उबारु मदन हौं घेरी॥
दादुर मोर कोकिला, पीऊ। गिरै बीजु, घट रहै न जीऊ॥
पुष्य नखत सिर ऊपर आवा। हौं बिनु नाह, मँदिर को छावा?
अद्रा लाग लागि भुइँ लेई। मोहिं बिनु पिउ को आदर देई॥
जिन्ह घर कंता ते सुखी, तिन्ह गारौ औ गर्ब।
कंत पियारा बाहिरै, हम सुख भूला सर्ब॥

(5)

सावन बरस मेह अति पानी। भरनि परी, हौं बिरह झुरानी॥
लाग पुनरबसु पीउ न देखा। भइ बाउरि, कहँ कंत सरेखा॥
रकत कै आँसु परहिं भुइँ टूटी। रेंगि चलीं जस बीरबहूटी॥
सखिन्ह रचा पिउ संग हिंडोला। हरियरि भूमि, कुसुंभी चोला॥
हिय हिंडोल अस डोलै मोरा। बिरह झुलाइ देइ झकझोरा॥
बाट असूझ अथाह गँभीरी। जिउ बाउर, भा फिरै भँभीरी॥
जग जल बूड़ जहाँ लगि ताकी। मोरि नाव खेवक बिनु थाकी॥
परबत समुद अगम बिच, बीहड़ वन बनढाँख।
किमि कै भेंटौं कंत तुम्ह? ना मोहि पाँव न पाँख॥

(6)

भा भादों दूभर अति भारी। कैसे भरौं रैनि अँधियारी॥
मँदिर सून पिउ अनतै बसा। सेज नागिनी फिरि फिरि डसा॥

रहौं अकेलि गहे एक पाटी। नैन पसारि मरौं हिय फाटी॥
चमकि बीजु घन गरजि तरासा। बिरह काल होइ जीउ गरासा॥
बरसै मघा झकोरि झकोरी। मोर दुइ नैन चुवैं जस ओरी॥
धनि सूखै भरे भादौं माहा। अबहुँ न आएन्हि सींचेन्हि नाहा॥
पुरबा लाग भूमि जल पूरी। आग जवास भई तस झूरी॥
थल जल भरे अपूर सब, धरति गगन मिलि एक।
धनि जोबन अवगाह महँ, दे बूड़त, पिउ! टेक॥

(7)

लाग कुवार, नीर जग घटा। अबहुँ आउ कंत तन लटा॥
तोहि देखे पिउ! पलुहै कया। उतरा चीतु बहुरि करु मया॥
चित्रा मित्र मीन कर आवा। पपिहा पीउ पुकारत पावा॥
उआ अगस्त, हस्ति घन गाजा। तुरय पलानि चढ़े रन राजा॥
स्वाति बूँद चातक मुख परे। समुद सीप मोती सब भरे॥
सरवर सँवरि हंस चलि आए। सारस कुरलहिं, खंजन देखाए॥
भा परगास, काँस बन फूले। कंत न फिरे बिदेसहि भूले॥
बिरह हस्ति तन सालै, धाय करै चित चूर।
बेगि आइ, पिउ! बाजहु, गाजहु होइ सदूर॥

(8)

कातिक सरद चंद उजियारी। जग सीतल, हौं बिरहै जारी॥
चौदह करा चाँद परगासा। जनहुँ जरै सब धरति अकासा॥
तन मन सेज करै अगिदाहू। सब कहँ चंद, भएउ मोहि राहू॥
चहूँ खंड लागै अँधियारा। जौं घर नाही कंत पियारा॥
अबहूँ निठुर! आउ एहि बारा। परब देवारी होइ संसारा॥
सखि झूमक गावैं अँग मोरी। हौं झुरावँ, बिछुरी मोरि जोरी॥
जेहि घर पिउ सो मनोरथ पूजा। मो कहँ बिरह, सवति दुख दूजा॥
सखि मानैं तिउहार सब, गाइ देवारी खेलि।
हौं का गावौं कंत बिनु रही छार सिर मेलि॥

(9)

अगहन दिवस घटा निसि बाढ़ी। दूभर रैनि, जाइ किमि गाढ़ी?
अब यहि बिरह दिवस भा राती। जरौं बिरह जस दीपक बाती॥

काँपे हिया जनावै सीऊ। तौ पै जाइ होइ सँग पीऊ॥
घर घर चीर रचे सब काहू। मोर रूप रँग लेइगा नाहू॥
पलटि न बहुरा गा जो बिछोई। अबहूँ फिरै फिरै रँग सोई॥
बज्र अगिनि बिरहिनि हिय जारा। सुलुगि सुलुगि दगधै होइ छारा॥
यह दुख दगध न जानै कंतू। जोबन जनम करै भसमंतू॥
पिउ सौं कहेउ सँदेसड़ा, हे भौंरा! हे काग!
सो धनि बिरहै जरि मुई, तेहि क धुवाँ हम्ह लाग॥

(10)

पूस जाड़ थर थर तन काँपा। सुरुज जाइ लंका दिसि चाँपा॥
बिरह बाढ़, दारुन भा सीऊ। कँपि कँपि मरौं, लेइ हरि जीऊ॥
कंत कहाँ लागौं औहि हियरे। पंथ अपार, सूझ नहिं नियरे॥
सौंर सपेती आवै जूड़ी। जानहु सेज हिवंचल बूड़ी॥
चकई निसि बिछुरै दिन मिला। हौं दिन राति बिरह कोकिला॥
रैनि अकेलि साथ नहिं सखी। कैसे जियै बिछोही पखी॥
बिरह सचान भएउ तन जाड़ा। जियत खाइ औ मुए न छाँड़ा॥
रकत ढुरा माँसू गरा, हाड़ भएउ सब संख।
धनि सारस होइ ररि मुई, पीउ समेटहि पंख॥

(11)

लागेउ माघ परै अब पाला। बिरहा काल भएउ जड़काला॥
पहल पहल तन रूई झाँपै। हहरि हहरि अधिकौ हिय काँपै॥
आइ सूर होइ तपु, रे नाहा। तोहि बिनु जाड़ न छूटै माहा॥
एहि माह उपजै रसमूलू। तूँ सौ भौंर मोर जोबन फूलू॥
नैन चुवहिं जस महवट नीरू। तोहि बिनु अंग लाग सर चीरू॥
टप टप बूँद परहिं अस ओला। बिरह पवन होइ मारै झोला॥
केहि क सिंगार, को पहिरु पटोरा। गीउ न हार, रही होइ डोरा॥
तुम बिनु काँपै धनि हिया, तन तिनउर भा डोल।
तेहि पर बिरह जराइ कै, चहै उड़ावा झोल॥

(12)

फागुन पवन झकोरा बहा। चौगुन सीउ जाइ नहिं सहा॥
तन जस पियर पात भा मोरा। तेहि पर बिरह देइ झकझोरा॥

तरिवर झरहिं, झरहिं बन ढाखा। भइ ओनंत फूलि फरि साखा॥
करहिं बनसपति हिये हुलासू। मो कहँ भा जग दून उदासू॥
फागु करहिं सब चाँचरि जोरी। मोहिं तन लाइ दीन्ह जस होरी॥
जो पै पीउ जरत अस पावा। जरत मरत मोहिं रोष न आवा॥
राति दिवस बस यह जिउ मोरे। लगौं निहोर कंत अब तोरे॥
यह तन जारौं छार कै, कहौं कि 'पवन! उड़ाव'।
मकु तेहि मारग उड़ि परै, कंत धरै जहँ पाव॥

(13)

चैत बसंता होइ धमारी। मोहिं लेखे संसार उजारी॥
पंचम बिरह पंच सर मारै। रकत रोइ सगरौं बन ढारै॥
बूड़ि उठे सब तरिवर पाता। भीजि मजीठ, टेसु बन राता॥
बौरे आम फरै अब लागे। अबहुँ आउ घर, कंत सभागे॥
सहस भाव फूलीं बनसपती। मधुकर घूमहिं सँवरि मालती॥
मोकहँ फूल भए सब काँटे। दिस्टि परत जस लागहिं चाँटे॥
फरि जोबन भए नारँग साखा। सुआ बिरह अब जाइ न राखा॥
घिरिनि परेवा होइ पिउ! आउ बेगि परु टूटि।
नारि पराए हाथ है, तोहि बिनु पाव न छूटि॥

(14)

भा बैसाख तपनि अति लागी। चोआ चीर चँदन भा आगी॥
सूरुज जरत हिवंचल ताका। बिरह बजागि सौंह रथ हाँका॥
जरत बजागिनि करु, पिउ छाहाँ। आइ बुझाउ, अँगारन्ह माहाँ॥
तोहि दरसन होइ सीतल नारी। आइ आगि तें करु फुलवारी॥
लागिउँ जरै जरै जस भारू। फिरि फिरि भूँजेसि, तजिउँन बारू॥
सरवर हिया घटत निति जाई। टूक टूक होइकै बिहराई॥
बिहरत हिया करहु पिउ! टेका। दीठि दवँगरा मेरवहु एका॥
कँवल जो बिगसा मानसर, बिनु जल गएउ सुखाइ।
कबहुँ बेलि फिरि पलुहै, जौ पिउ सींचै आइ॥

(15)

जेठ जरै जग, चलै लुवारा। उठहिं बवंडर परहिं अँगारा॥
बिरह गाजि हनुबँत होइ जागा। लंकादाह करै तनु लागा॥

चारिहु पवन झकोरै आगी। लंका दाहि पलंका लागी॥
दहि भइ साम नदी कालिंदी। बिरह क आगि कठिन अति मंदी॥
उठै आगि औ आवै आँधी। नैन न सूझ, मरौं दुख बाँधी॥
अधजर भइउँ, माँसु तनु सूखा। लागेउ बिरह काल होइ भूखा॥
माँस खाइ सब हाड़न्ह लागै। अबहुँ आउ, आवत सुनि भागै॥
गिरि, समुद्र, ससि, मेघ, रवि, सहि न सकहिं वह आगि।
मुहमद सती सराहिए, जरै जो अस पिउ लागि॥

(16)

तपै लागि अब जेठ असाढ़ी। तोहि पिउ बिनु छाजनि भइ गाढ़ी॥
तन तिनउर भा, झूरौं खरी। भइ बरखा, दुख आगरि जरी॥
बंध नाहिं औ कंध न कोई। बात न आव कहौं का रोई?॥
साँठि नाठि, जग बात को पूछा? बिनु जिउ फिरै मूँज तनु छूँछा॥
भई दुहेली टेक बिहूनी। थाँम नाहिं उठि सकै न थूनी॥
बरसै मेघ चुवहिं नैनाहा। छपर छपर होइ रहि बिनु नाहा॥
कोरौं कहाँ ठाट नव साजा? तुम बिनु कंत न छाजनि छाजा॥
अबहुँ मया दिस्टि करि, नाह निठुर! घर आउ।
मँदिर उजार होत है, नव कै आइ बसाउ॥

(17)

रोइ गँवाए बारह मासा। सहस सहस दुख एक एक साँसा॥
तिल तिल बरख बरख पर जाई। पहर पहर जुग जुग न सेराई॥
सो नहिं आवै रूप मुरारी। जासौं पाव सोहाग सुनारी॥
साँझ भए झुरि झुरि पथ हेरा। कौनि सो घरी करै पिउ फेरा?
दहि कोइला भइ कंत सनेहा। तोला माँसु रही नहिं देहा॥
रकत न रहा बिरह तन गरा। रती रती होइ नैनन्ह ढरा॥
पाय लागि जोरै धनि हाथा। जारा नेह, जुड़ावहु, नाथा॥
बरस दिवस धनि रोइ कै, हारि परी चित झंखि।
मानसु घर घर बूझि कै, बूझै निसरी पंखि॥

(18)

भई पुछार, लीन्ह बनबासू। बैरिनि सवति दीन्ह चिलबाँसू॥
होइ खर बान बिरह तनु लागा। जौ पिउ आवै उड़हि तौ कागा॥

हारिल भई पंथ मैं सेवा। अब तहँ पठवौं कौन परेवा॥
धौरी पंडुक कहु पिउ नाऊँ। जौं चितरोख न दूसर ठाऊँ॥
जाहि बया होइ पिउ कँठ लवा। करै मेराव सोइ गौरवा॥
कोइल भई पुकारति रही। महरि पुकारै 'लेइ लेइ दही'॥
पेड़ तिलोरी औ जल हंसा। हिरदय पैठि बिरह कटनंसा॥
जेहि पंखी के निअर होइ, कहै बिरह कै बात।
सोइ पंखी जाइ जरि, तरिवर होइ निपात॥

(19)

कुहुकि कुहुकि जस कोइल रोई। रकत आँसु घुघुची बन बोई॥
भइ करमुखी नैन तन राती। को सेराव? बिरहा दुख ताती॥
जहँ जहँ ठाढ़ि होइ बनबासी। तहँ तहँ होइ घुँघुचि कै रासी॥
बूँद बूँद महँ जानहुँ जीऊ। गुंजा गूँजि करै 'पिउ पीऊ'॥
तेहि दुख भए परास निपाते। लोहू बूड़ि उठे होइ राते॥
राते बिंब भीजि तेहि लोहू। परवर पाक, फाट हिय गोहूँ॥
देखौं जहाँ होइ सोइ राता। जहाँ सो रतन कहै को बाता?
नहिं पावस ओहि देसरा, नहिं हेवंत बसंत।
ना कोकिल न पपीहरा, जेहि सुनि आवै कंत॥

तुलसीदास

हिन्दी साहित्य के इतिहास में तुलसीदास का स्थान अन्यतम है। राम काव्यधारा के प्रतिष्ठापक, भारतीय संस्कृति उन्नायक तुलसीदास ने समन्वय तथा लोकमंगल की प्रेरणा दी। जनमानस में राम के प्रति आस्था एवं भक्ति भावना तुलसी साहित्य का ही परिणाम है। तुलसी भारतीय साहित्य में ही नहीं अपितु विश्व साहित्य में अपना विशिष्ट स्थान रखते हैं। आचार्य रामचन्द्र शुक्ल लिखते हैं—

"तुलसीदास का आना हिन्दी साहित्य काव्यक्षेत्र में एक चमत्कार है।"

भक्तिकाल के अन्य अधिकतर कवियों की तरह तुलसीदास का जीवनवृत्त पूर्णत: प्रामाणिक रूप से अभी तक प्रकाश में नहीं आया है। फिर भी इस महाकवि के जीवन से सम्बद्ध कुछ मान्य तथ्यों के आधार पर उनके जीवनवृत्त की कुछ रेखाएँ इस प्रकार हैं—

> "सर्वाधिक विश्वसनीय सूत्रों और अन्त:साक्ष्यों के आधार पर इनकी जन्मतिथि सं. 1589 (सन् 1532) स्वीकृत है। इनके जन्म-स्थान के विषय में भी मतभेद है। कुछ विद्वान इनका जन्म-स्थान राजापुर तथा कुछ सोरों मानते हैं। जनश्रुतियों के आधार पर इनके पिता का नाम आत्माराम, माता का नाम हुलसी तथा पत्नी का नाम रत्नावली बताया गया है।"

बचपन अत्यधिक निर्धनता, अभावों में बीता। शिक्षा ग्रहण कर प्रसिद्धि प्राप्त की। अपनी पत्नी पर अत्यधिक आसक्ति के कारण तुलसी को भर्त्सना 'लाज न आई आपको दौरे आएहु साथ' भी सुननी पड़ी। तब से इनकी भावधारा सहसा लौकिक विषयों से हटकर प्रभु प्रेम की ओर उन्मुख हो गई।

बाबा नरहरि को तुलसीदास का गुरु बताया जाता है।

तुलसी के नाम पर तीन दर्जन पुस्तकें प्राप्त हुई हैं किन्तु अत्यधिक विद्वानों ने केवल 12 ग्रंथों को ही प्रामाणिक माना है जिनमें 'रामचरितमानस', 'रामलला नहछू', 'पार्वती मंगल', 'जानकी मंगल', 'गीतावली', 'विनय-पत्रिका', 'वैराग्य संदीपनी', 'बरवै रामायण', 'रामाज्ञा प्रश्न', 'दोहावली', 'कवितावली' तथा 'हनुमान बाहुक'

हैं। तुलसीदास ने महाकाव्य, खंडकाव्य, मुक्तक आदि सभी प्रकार की रचनाएँ कीं अवधी और ब्रज, दोनों भाषाओं में उन्होंने अधिकारपूर्ण लेखनी चलाई है।

तुलसीदास मध्ययुग के महान व्यक्तित्व थे। उनका व्यक्तित्व और कृतित्व दोनों ही विराट् थे। आचार्य हजारीप्रसाद द्विवेदी उनके विराट् व्यक्तित्व के परिप्रेक्ष्य में लिखते हैं—

> "तुलसीदास का महत्त्व बताने के लिए विद्वानों ने अनेक प्रकार की तुलनात्मक उक्तियों का सहारा लिया है। नाभादास ने इन्हें 'कलिकाल का वाल्मीकि' कहा था। स्मिथ ने उन्हें मुगलकाल का सबसे बड़ा व्यक्ति माना है। ग्रियर्सन ने इन्हें बुद्धदेव के बाद सबसे बड़ा लोकनायक कहा था।... तात्पर्य यही है कि तुलसी असाधारण कवि, लोकनायक तथा महात्मा थे।"

तुलसी का काव्य भारतीय संस्कृति का दस्तावेज़ है। तुलसी समन्वय में विश्वास रखने वाली भारतीय संस्कृति के प्रतिनिधि हैं। उनके काव्य में भारतीय संस्कृति का उत्कर्ष रूप दृष्टिगोचर होता है।

'श्रीरामचरितमानस' इसका प्रत्यक्ष प्रमाण है। सनातन संस्कृति का संरक्षण तुलसी के जीवन का सर्वोपरि ध्येय था। इस ध्येय के मानवीकरण, दैवीकरण थे—राम। समग्र सनातन संस्कृति को जैसी समग्र अभिव्यक्ति तुलसी दे सके हैं, वैसी महर्षि व्यास के अतिरिक्त कोई नहीं। आर्य संस्कृति (राम परिवार), नागर संस्कृति (अवध नगर), ग्राम्य संस्कृति, वन्य संस्कृति, लोक संस्कृति (केवट) आदि अपनी-अपनी समस्त चरित्रगत विशिष्ट विशिष्टताओं के साथ उनके विराटकाय संसार में चरितार्थ हुए हैं।

वैष्णव दर्शन में विष्णु के अवतार के तीन उद्देश्य—संत उद्धार, दुष्टसंहार, लोकरंजन माने जाते हैं। शील और सौन्दर्य के प्रतीक तुलसी के राम इन तीनों उद्देश्यों को पूर्ण करते हैं।

तुलसी का समाज संस्कृति-रहित, आदर्श-विहीन पथभ्रष्ट, मर्यादा पतित तथा नितान्त ह्रासोन्मुख था। इसी तुलसी ने राम-राज्य वर्णन में समाज, परिवार और धर्म के आदर्श रूप की कल्पना की है। तुलसी ने सामाजिक जीवन का मूल्यांकन आचार की कसौटी पर किया है। उनका दृढ़ विश्वास है कि धार्मिक एवं सांस्कृतिक मर्यादाओं का अतिक्रमण करने वाले समाज का नाश अवश्यम्भावी है। तुलसी ने 'मानस' में रामकथा वर्णन करते हुए स्वयं भी पग-पग पर मर्यादा और नैतिकता का ध्यान रखा है।

तुलसीदास ने नवधा भक्ति के विविध अंगों की विभिन्न स्थलों पर प्रसंगानुसार चर्चा की है, परन्तु स्वयं तुलसी राम की विनीत और दास्य भाव से भक्ति करते थे :

अस अभिमान जाइ जनि भोरे।
मैं सेवक रघुपति पति मोरे॥

दैन्य भाव की भक्ति—

मो सम दीन न दीन हित, तुम्ह समान रघुबीर।
अस बिचारि रघुबंस मनि, हरहु बिषम भव भीर॥

तुलसीदास ने आदर्श राम-राज्य की स्थापना के लिए राम और उनके परिजनों, सखाओं, सेवकों और भाइयों को आदर्श रूप में हमारे सामने रखा है। 'श्रीरामचरितमानस' में राम आदर्श राजा, आदर्श पति, आदर्श भ्राता हैं, सीता आदर्श पत्नी है, लक्ष्मण, भरत आदर्श भाई हैं, हनुमान आदर्श सेवक हैं, कौशल्या आदर्श माता हैं।

तुलसी ने अपने काव्य में व्यापक स्तर पर समन्वय किया है। समन्वयवादी दृष्टिकोण भारतीय संस्कृति का अंग है। आचार्य हजारीप्रसाद द्विवेदी लिखते हैं—

> "तुलसी का सम्पूर्ण काव्य समन्वय की विराट् चेष्टा है। उन्होंने लोकशास्त्र का समन्वय, गार्हस्थ्य और वैराग्य का समन्वय, निर्गुण और सगुण का समन्वय, पांडित्य और अपांडित्य का समन्वय, 'मानस' शुरू से लेकर अन्त तक समन्वय का काव्य है।"

तुलसी ने राम से शिव और शिव से राम की स्तुति करवाकर शैव तथा वैष्णव में समन्वय स्थापित करने का प्रयास किया। इस प्रकार तुलसी ने अपने युग के सभी विरोधी तत्त्वों का परिहार एवं समाज के विकृत रूप को परिष्कृत करते हुए, धर्म, दर्शन, साहित्य और समाज में समन्वय की भावना को मूर्त रूप दिया।

तुलसी ने अवधी तथा ब्रज, दोनों भाषाओं में साधिकार लिखा। 'विनय-पत्रिका', 'गीतावली' और 'कवितावली' में ब्रज भाषा को अपनाया। 'मानस' में सुसंस्कृत, परिष्कृत साहित्यिक अवधी भाषा का उत्कृष्ट रूप विद्यमान है।

छन्द विधान में भी तुलसी की असामान्य कुशलता का परिचय मिलता है। दोहा, चौपाई, सवैया, छप्पय, झूलना आदि छन्द तुलसी के काव्य में मिलते हैं। तुलसी के काव्य में अलंकार बिना भावों की अवहेलना किए स्वाभाविक रूप से चले आते हैं। अनुप्रास, रूपक, उपमा, उत्प्रेक्षा, सन्देह, प्रतीप, व्यतिरेक, उल्लेख आदि अलंकारों का प्रयोग हुआ है। तुलसी रससिद्ध कवि हैं। उन्होंने अपने काव्य में सभी रसों का पूर्णरूपेण प्रयोग किया है।

वस्तुत: तुलसी एक संतुलित प्रतिभासम्पन्न महान कवि थे। उनका काव्य भाव और कला, दोनों ही स्तरों पर महान और अद्वितीय है।

कवितावली

नाम-विश्वास

स्वारथ को साजु न समाजु परमारथ को,
मोसो दगाबाज दूसरो न जगजाल है।
कैन आयों, करौं न करोंगो करतूति भली,
लिखी न बिरंचिहूँ भलाई भूलि भाल है॥
रावरी सपथ, रामनाम ही की गति मेरें,
इहाँ झूठो, झूठो सो तिलोक तिहूँ काल है।
तुलसी को भलो पै तुम्हारे ही किए कृपाल,
कीजै न बिलंबु, बलि, पानीभरी खाल है॥ 65॥

राग को न साजु, न बिरागु, जोग, जाग जियँ,
काया नहि छाड़ि देत ठाटिबो कुठाट को।
मनोराजु करत अकाजु भयो आजु लगि,
चाह चारु चीर, पै लहै न टूकु टाट को॥
भयो करतारु बड़े कूर को कृपालु, पायो
नामप्रेमु-पारसु, हौं लालची बराट को।
'तुलसी' बनी है राम! रावरें बनाएँ, ना तो
धोबी-कैसो कुकरु, न घर को न घाट को॥ 66॥

ऊँचो मनु, ऊँची रुचि, भागु नीचो निपट ही,
लोकरीति-लायक न, लंगर लबारु है।
स्वारथु अगमु, परमारथ की कहा चली,
पेट की कठिन जगु जीव को जवारु है।
चाकरी न आकरी, न खेती, न वनिज-भीख,
जानत न कूर कछु किसब कबारु है।
तुलसी की बाजी राखी राम ही के नाम, नतु
भेंट पितरन को न मूढ़हू में बारु है॥ 67॥

अपत-उतार, अपकार को अगारु, जग
जाकी छाँह छुएँ सहमत ब्याध-बाध को।
पातक-पुहुमि पालिबे को सहसाननु सो,
काननु कपट को, पयोधि अपराध को॥
तुलसी से बाम को भो दाहिनो दयानिधानु,
सुनत सिहात सब सिद्ध, साधु, साध को।
रामनाम ललित ललामु कियो लाखनि को,
बड़ो क्रूर कायर कपूत कौड़ी आध को॥ 68॥

सब अँग हीन, सब साधन विहीन, मन-
बचन मलीन, हीन कुल-करतूति हौं।
बुधि-बल-हीन, भाव-भगति-विहीन, हीन,
गुन, ग्यानहीन, हीन भाग हूँ, बिभूति हौं।
तुलसी गरीब की गई बहोर रामनामु,
जाहि जपि जीहँ रामहू को बैठो धूति हौं।
प्रीति रामनाम सों, प्रतीति रामनाम की,
प्रसाद रामनाम कें पसारि पाय सूति हौं॥ 69॥

मेरें जान जबतें हौं जीव ह्वै जनम्यो जग,
तबतें बेसाह्यो दाम लोह, कोह काम को।
मन तिन्ही की सेवा, तिन्ही सों भाउ नीको,
बचन बनाइ कहौ 'हौं गुलामु राम को'॥
नाथहूँ न अपनायो, लोक झूठी है परी, पै
प्रभुहू तें प्रबल प्रतापु प्रभुनाम को।
आपनी भलाई भलो कीजै तौ भलाई, न तौ
तुलसी को खुलैगो खजानो खोटे दाम को॥ 70॥

जोग न बिरागु, जप, जाग, तप, त्यागु, ब्रत,
तीरथ न धर्म जानौं, बेदबिधि किमि है।
तुलसी-सो पोच न भयो है, नहि ह्वै है कहूँ,
सोचैं सब, याके अघ कैसे प्रभु छमिहैं॥
मेरें तौ न डरु, रघुबीर! सुनौ, साँची कहौं,
खल अनखैहैं तुम्हैं, सज्जन न गमिहैं॥
भले सुकृती के संग मोहि तुलाँ तौलिए तौ,
नाम के प्रसाद भारु मेरी ओर नमि है॥ 71॥

जाति के, सुजाति के, कुजाति के पेटागि बस
खाए टूक सबके, बिदित बात दुनीं सो।
मानस-वचन-कायँ किए पाप सतिभायँ,
राम को कहाइ दासु दगाबाज पुनी सो॥
रामनाम को प्रभाउ, पाउ, महिमा, प्रतापु,
तुलसी-सो जग मनिअत महामुनी सो।
अतिहीं अभागो, अनुरागत न रामपद,
मूढ़! एतो बड़ो अचिरिजु देखि-सुनी सो॥ 72॥

जायो कुल मंगन, बधावनो बजायो, सुनि
भयो परितापु पापु जननी जनक को।
बारे तें ललात-बिललात द्वार-द्वार दीन,
जानत हो चारि फल चारि ही चनक को॥
तुलसी सो साहेब समर्थ को सुसेवकु है,
सुनत सिहात सोचु विधिहू गनक को।
नामु राम! रावरो सयानो किधौं बाबरो,
जो करत गिरीतें गरु तृन तें तनक को॥ 73॥

बेदहूँ पुरान कही, लोकहूँ बिलोकिअत,
रामनाम ही सों रीझें सकल भलाई है।
कासी हूँ मरत उपदेसत महेसु सोई,
साधना अनेक चितई न चित लाई हैं॥
छाछी को ललात जे, ते रामनाम कें प्रसाद,
खात खुनसात सोंधे दूध की मलाई है।
रामराज सुनिअत राजनीति की अवधि,
नामु राम! रावरो तौ चाम की चलाई है॥ 74॥

सोच-संकटनि सोचु संकटु परत, जर
जरत, प्रभाउ नाम ललित ललाम को।
बूड़िऔ तरति, बिगरी औ सुधरति बात,
होत देखि दाहिनो सुभाउ विधि बाम को।
भागत अभागु, अनुरागत बिरागु, भागु,
जागत आलसि तुलसीहू-से निकाम को।
भाई धारि फिरि कै गोहारि हितकारी होति,
आई मीचु मिटति जपत रामनाम को॥ 75॥

आँधरो अधम जड़ जाजरो जराँ जवनु
सूकर के सायक ढकाँ ढकेल्यो मग में।
गिरो हियँ हहरि 'हराम हो, हराम हन्यो',
हाय! हाय! करत परीगो कालफग में॥
'तुलसी' बिसोक ह्वै त्रिलोकपतिलोक गयो
नाम के प्रताप, बात बिदित है जग में।
सोई रामनामु जो सनेह सों जपत जनु,
ताकी महिमा क्यों कही है जाति अगमै॥ 76॥

जाप की न तप-खपु कियो, न तमाइ जोग,
जाग न बिराग, त्याग, तीरथ न तन को।
भाई को भरोसो न खरो-सो बैरु बैरीहू सों,
बलु अपनो न, हितू जननी न जन को॥
लोक को न डरु, परलोक को न सोचु, देव-
सेवा न सहाय, गर्बु धाम को न धन को।
राम ही के नाम तें जो होइ सोइ नीको लागै,
ऐसो ई सुभाउ कछु तुलसी के मन को॥ 77॥

ईसु न, गनेसु न, दिनेसु न, धनेसु न,
सुरेसु, सुर, गौरि, गिरापति नहि जपने।
तुम्हरे ई नाम को भरोसो भव तरिबे को,
बैठें-उठें जागत-बागत, सोएँ, सपनें॥
तुलसी है बावरो सो रावरोई, रावरी सौं,
रावरेऊ जानि जियँ कीजिए जु अपने।
जानकीरमन मेरे! रावरें बदनु फेरें,
ठाउँ न समाउँ कहाँ, सकल निरपने॥ 78॥

जाहिर जहान में जमानो एक भाँति भयो,
बेंचिए बिबुधधेनु, रासभी बेसाहिए।
ऐसेऊ कराल कलिकालमें कृपाल! तेरे
नाम के प्रताप न त्रिताप तन दाहिए॥
तुलसी तिहारो मन-बचन-करम, तेंहि
नातें नेह-नेमु निज ओरतें निबाहिए।
रंकके नेवाज रघुराज! राजा राजनिके,
उमरि दराज महाराज तेरी चाहिए॥ 79॥

स्वारथ सयानप, प्रपंचु, परमारथ
कहायो राम! रावरो हौं, जानत जहान है।
नामकें प्रताप, बाप! आजु लौं निबाही नीकें,
आगे को गोसाईं! स्वामी सबल सुजान है॥
कलि की कुचालि देखि दिन-दिन दूनी, देव!
पाहरूई चोर हेरि दिय हहरान है।
तुलसीकी, बलि, बार-बारहीं सँभार कीबी,
जद्यपि कृपानिधानु सदा सावधान है॥ 80॥

दिन-दिन दूनो देखि दारिदु, दुकालु, दुखु,
दुरितु, दुराजु सुख-सुकृत स कोच है।
मागें पैंत पावत पचारि पातकी प्रचंड,
कालकी करालता, भले को होत पोच है॥
आपनें तो एक अवलंबु अंब डिंभ ज्यों,
समर्थ सीतानाथ सब संकट बिमोच है।
तुलसीकी साहसी सराहिए कृपाल राम!
नामकें भरोसें परिनाम को निसोच है॥ 81॥

मोह-मद मात्यो, रात्यो कुमति-कुनारिसों,
बिसारि वेद-लोक-लाज, आँकरो अचेतु है।
भावै सो करत, मुँह आवै सो कहत, कछु
काहू की सहत नाहिं, सरकस हेतु है।
तुलसी अधिक अधमाई हू अजामिलतें,
ताहूमें सहाय कलि कपटनिकेतु है।
जैबेको अनेक टेक, एक टेक ह्वैबे की, जो
पेट-प्रियपूत हित रामनामु लेतु है॥ 82॥

कलिवर्णन

जागिए न सोइए, बिगोइए जनमु जायँ,
दुख, रोग रोइए, कलेसु कोह-काम को।
राजा-रंक, रागी और बिरागी, भूरिभागी, ये
अभागी जीव जरत, प्रभाउ कलि बाम को।
तुलसी! कबंध-कैसो धाइबो, बिचारु, अंध!
धंध देखिअत जग, सोचु परिनाम को।

सोइबो जो रामके सनेहकी समाधि-सुखु,
जागिबो जो जीह जपै नीकें रामनाम को॥ 83॥

बरन-धरमु गयो, आश्रम निवासु तज्यो,
त्रासन चकित सो परावनो परो-सो है।
करमु, उपासना कुबासनाँ बिनास्यो ग्यानु,
बचन-बिराग, बेष जगतु हरो-सो है॥
गोरख जगायो जोगु, भगति भगायो लोगु,
निगम-नियोगतें सो केलि ही छरो-सो है।
कायँ-मन-बचन सुभायँ तुलसी! है जाहि
रामनाम को भरोसो, ताहि को भरोसो है॥ 84॥

वेद-पुरान बिहाइ सुपंथु, कुमारग, कोटि कुचालि चली है।
कालु कराल, नृपाल कृपाल न, राजसमाजु बड़ोई छली है।
बर्न-बिभाग न आश्रमधर्म, दुनी दुख-दोष-दरिद्र दली है।
स्वारथको परमारथको कलि रामको नामप्रतापु बली है॥ 85॥

न मिटै भवसंकटु, दुर्घट है तप, तीरथ जन्म अनेक अटो।
कलिमें न बिरागु, न ग्यानु कहूँ, सबु लागत फोकट झूँठ-जटो॥
नटु ज्यों जनि पेट-कुपेटक कोटिक चेटक-कौतुक-ठाट ठटो।
तुलसी जो सदा सुख चाहिअ तौ, रसनाँ निसिबासर रामु रटो॥ 86॥

दमु दुर्गम, दान, दया, मख, कर्म,सुधर्म, अधीन सबै धनको।
तप, तीरथ, साधन, जोग, बिरागसों होइ, नहीं दृढ़ता तनको॥
कलिकाल कराल में 'राम कृपालु' यहै अवलंबु बड़ो मनको।
'तुलसी' सब संजम हीन सबै, एक नाम-अधारु सदा जनको॥ 87॥

पाइ सुदेह बिमोह-नदी-तरनी न लही, करनी न कछू की।
रामकथा बरनी न बनाइ, सुनी न कथा प्रहलाद न ध्रूकी।
अब जोर जरा जरि गातु गयो, मन मानि गलानि कुबानि न मूकी।
नीकें कै ठीक दई तुलसी, अवलंब बड़ी उर आखर दूकी॥ 88॥

राम-नाम-महिमा

रामु बिहाइ 'मरा' जपतें बिगरी सुधरी कबिकोकिलहू की।
नामहि तें गजकी, गनिकाकी, अजामिलकी चलि गै चलचूकी॥

नामप्रताप बड़ें कुसमाज बजाइ रही पति पांडुबधूकी।
ताको भलो अजहूँ 'तुलसी' जेहि प्रीति-प्रतीति है आखर दूकी॥ 89॥

नामु अजामिल-से खल तारन, तारन बारन-बारबधूको।
नाम हरे प्रहलाद-बिषाद, पिता-भय-साँसति-सागरु सूको॥
नामसों प्रीति-प्रतीति-बिहीन गिल्यो कलिकाल कराल, न चूको।
राखिहैं रामु सो जासु हिएँ तुलसी हुलसै बलु आखर दूको॥ 90॥

जीव जहानमें जायो जहाँ, सो तहाँ 'तुलसी' तिहुँ दाह दहो है।
दोसु न काहू, कियो अपनो, सपनेहूँ नहीं सुखलेसु लहो है॥
रामके नामतें होउ सो होउ, न सोउ हिएँ, रसना हीं कहो है।
कियो न कछू, करिबो न कछू, कहिबो न कछू, मरिबोइ रहो है॥ 91॥

जीजे न ठाउँ, न आपन गाउँ, सुरालयहू को न संबलु मेरें।
नामु रटो, जमबास क्यों जाउँ, को आइ सकै जमकिंकरु नेरें॥
तुम्हरो सब भाँति, तुम्हारिअ सौं, तुम्ह ही बलि हौ मोको ठाहरु हेरे।
बैरख बाँह बसाइए पै तुलसी-घरु ब्याध-अजामिल खेरें॥ 92॥

का कियो जोगु अजामिलजू, गनिकाँ कबहीं मति पेम पगाई।
ब्याधको साधुपनो कहिए, अपराध अगाधनि में ही जनाई॥
करुनाकरकी करुना करुना हित, नाम-सुहेत जो देत दगाई।
काहे को खीझिअ, रीझिअ पै, तुलसीहु सों है, बलि, सोइ सगाई॥ 93॥

जे मद-मार-बिकार भरे, ते अचार-बिचार समीप न जाहीं।
है अभिमानु तऊ मनमें, जनु भाषिहै दूसरे दीनन पाहीं॥
जौं कछु बात बनाइ कहौं, तुलसी तुम्ह में, तुम्हहू उर माहीं।
जानकीजीवन! जानत हौं, हम हैं तुम्हरे, तुम्ह में, सकु नाहीं॥ 94॥

दानव-देव, अहीस-महीस, महामुनि-तापस, सिद्ध-समाजी।
जग जाचक, दानि दुतीय नहीं, तुम्ह ही सबकी सब राखत बाजी॥
एते बड़े तुलसीस! तऊ सबरीके दिए बिनु भूख न भाजी।
राम गरीबनेवाज! भए हौ गरीबनेवाज गरीब नेवाजी॥ 95॥

किसबी, किसान-कुल, बनिक, भिखारी, भाट,
चाकर, चपल नट, चोर, चार, चेटकी।
पेटको पढ़त, गुन गढ़त, चढ़त गिरि,
अटत गहन-गन अहन अखेटकी॥

ऊँचे-नीचे करम, धरम-अधरम करि,
पेट ही को पचत, बेचत बेटा-बेटकी।
'तुलसी' बुझाइ एक राम घनस्याम ही तें,
आगि बड़वागितें बड़ी है आगि पेटकी॥ 96॥

खेती न किसान को, भिखारी को न भीख, बलि,
बनिक को बनिज, न चाकर को चाकरी।
जीबिका बिहीन लोग सीद्यमान सोच बस,
कहैं एक एकन सों, 'कहाँ जाई, का करी?'
बेदहूँ पुरान कही, लोकहूँ बिलोकिअत,
साँकरे सबै पै, राम! रावरें कृपा करी।
दारिद-दसानन दबाई दुनी, दीनबंधु!
दुरित-दहन देखि तुलसी हहा करी॥ 97॥

कुल - करतूति - भूति - कीरति - सुरूप - गुन
जौबन जरत जुर, परै न कल कहीं।
राजकाजु कुपथु, कुसाजु भोग रोग ही के,
बेद-बुध बिद्या पाइ बिबस बलकहीं॥
गति तुलसीसकी लखै न कोउ, जो करत
पब्बयतें छार, छारै पब्बिय पलक हीं।
कासों कीजै रोपु, दोषु दीजै काहि, पाहि, राम!
कियो कलिकाल कुलि खललु खलक हीं॥ 98॥

बबुर-बहेरेको बनाइ बागु लाइयत,
रूँधिबेको सोई सुरतरु काटियतु है।
गारी देत नीच हरिचंदहू दधीचिहू को,
आपने चना चबाइ हाथ चाटियतु है॥
आपु महापातकी, हँसत हरि-हरहू को,
आपु है अभागी, भूरिभागी डाटियतु है।
कलिको कलुष मन मलिन किए महत,
मसककी पाँसुरीं पयोधि पाटियतु है॥ 99॥

सुनिए कराल कलिकाल भूमिपाल! तुम्ह
जाहि घालो चाहिए, कहो धौं, राखै ताहि को।
हौं तौ दीन दूबरो, बिगारो-ढारो रावरो न,
मैंहू तैंहू ताहिको, सकल जगु जाहिको॥

कामु, कोहु लाइ कै देखाइयत आँखि मोहि,
एते मान अकसु कीबेको आपु आहि को।
साहेबु सुजान, जिन्ह स्वानहू को पच्छु कियो,
रामबोला नामु, हौं गुलामु रामसाहिको॥ 100॥

साँची कहौ, कलिकाल कराल! मैं ढारो-बिगारो तिहारो कहा है।
कामको, कोहको, लोभको, मोहको मोहिसों आनि प्रपंचु रहा है॥
हौ जगनायकु लायक आजु, पै मेरिऔ टेव कुटेव महा है।
जानकीनाथ बिना 'तुलसी' जग दूसरेसों करिहौं न हहा है॥ 101॥

भागीरथीजलु पान करौं, अरु नाम द्वै रामके लेत नितै हौं।
मोको न लेनो, न देनो कछू, कलि! भूलि न रावरी ओर चितैहौं॥
जानि कै जोरु करौ, परिनाम तुम्है पछितैहौ, पै मैं न भितैहौं।
ब्राह्मन ज्यों उगिल्यो उरगारि, हौं त्यों हीं तिहारें हिएँ न हितैहौं॥ 102॥

राजमरालके बालक पेलि के पालत-लालत खूसरको।
सुचि सुंदर सालि सकेलि, सो बारि के, बीजु बटोरत ऊसरको॥
गुन-ग्यान-गुमानु, भँभेरि बड़ी, कलपद्रुमु काटत मूसरको।
कलिकाल बिचारु अचारु हरो, नहिं सूझे कछू धमधूसरको॥ 103॥

कीबे कहा, पढ़िबेको कहा फलु, बूझि न बेदको भेदु बिचारैं।
स्वारथको, परमारथको कलि कामद रामको नामु बिसारैं॥
बाद-बिबाद बिषादु बढ़ाइकै, छाती पराई औ आपनी जारैं।
चारिहुको, छहुको, नवको, दस-आठको पाठु कुकाठु ज्यों फारैं॥ 104॥

आगम, बेद, पुरान बखानत मारग कोटिन, जाहिं न जाने।
जे मुनि ते पुनि आपुहि आपुको ईसु कहावत सिद्ध सयाने॥
धर्म सबै कलिकाल ग्रसे, जप, जोग, बिरागु लै जीव पराने।
को करि सोचु मरै 'तुलसी', हम जानकी नाथके हाथ बिकाने॥ 105॥

धूत कहौ, अवधूत कहौ, रजपूत कहौ, जोलहा कहौ कोऊ।
काहूकी बेटी सों, बेटा न ब्याहब, काहूकी जाति बिगार न सोऊ॥
तुलमी सरनाम गुलामु है रामको, जाको रुचै सो कहै कछु ओऊ।
माँगि कै खैबो, मसीतको साइबो, लैबेको एकु न दैबे को दोऊ॥ 106॥

मेरे जाति-पाँति न चहौं काहूकी जाति-पाँति,
मेरे कोऊ कामको न हौं काहूके कामको।
लोकु परलोकु रघुनाथही के हाथ सब,
भारी है भरोसो तुलसीकें एक नामको॥
अति ही अयाने उपखानो नहि बूझैं लोग,
'साह ही को गोतु गोतु होत है गुलामको।'
साधु कै असाधु, कै भलो कै पोच, सोचु कहा,
का काहूके द्वार परौं, जो हौं सो हौं रामको॥ 107॥

कोऊ कहै, करत कुसाज, दगाबाज बड़ो,
कोऊ कहै, रामको गुलामु खरो खूब है।
साधु जानैं महासाधु, खल जानैं महाखल,
बानी झूँठी-साँची कोटि उठत हबूब है॥
चहत न काहूसों न कहत काहूकी कछू,
सबकी सहत, उर अंतर न ऊब है।
तुलसीको भलो पोच हाथ रघुनाथ ही के,
रामकी भगति-भूमि मेरी मति दूब है॥ 108॥

जागैं जोगी-जंगम, जती-जमाती ध्यान धरैं,
डरैं उर भारी लोभ, मोह, कोह, कामके।
जागैं राजा राजकाज, सेवक-समाज, साज,
सोचैं सुनि समाचार बड़े बैरी बामके॥
जागैं बुध बिद्या हित पंडित चकित चित,
जागैं लोभी लालच धरनि, धन, धामके।
जागैं भोगी भोग हीं, बियोगी, रोगी सोगबस,
सोवै सुख तुलसी भरोसे एक रामके॥ 109॥

रामु मातु, पितु, बंधु, सुजनु, गुरु, पूज्य, परमहित।
साहेबु, सखा, सहाय, नेह-नाते पुनीत चित॥
देसु, कोसु, कुलु, कर्म, धर्म, धनु, धामु, धरनि, गति।
जाति-पाँति सब भाँति लागि रामहि हमारि पति॥

परमारथु, स्वारथ, सुजसु, सुलभ रामतें सकल फल।
कह तुलसिदासु, अब, जब-कबहुँ एक रामतें मोर भल॥ 110॥

बिहारी

रीतिकाल के रीतिसिद्ध कवियों में बिहारी का स्थान सर्वोपरि है। लोकप्रियता की दृष्टि से इनके समकक्ष रीतिकाल का कोई भी कवि नहीं है। बिहारी के जीवन के विषय में बहुत कम जानकारी मिलती है। उनके एक दोहे के आधार पर उनका जन्म स्थान ग्वालियर माना जाता है।

जनमु ग्वालियर जानियै, खंड बुन्दलै वाल।
तरुनाई आई सुघर बसि मथुरा ससुराल॥

इस दोहे के आधार पर स्पष्ट होता है कि बिहारी का जन्म ग्वालियर में हुआ, शैशव बुन्देलखंड में बीता, ससुराल मथुरा में थी और यौवन भी वहीं व्यतीत हुआ। इनका जन्म सन् 1595 और मृत्यु सन् 1663 में हुई। बिहारी मिर्जा राजा जय सिंह के दरबारी कवि थे।

बिहारी अपनी एकमात्र रचना 'बिहारी सतसई' लिखकर हिन्दी साहित्य में लोकप्रिय हो गए। भावों की व्यापकता और विषयों की विविधता इस कृति के अमर होने का रहस्य है। 'सतसई' में 713 दोहे हैं जो बिहारी की बहुज्ञता, वाग्विदग्धता और काव्य-पटुता को प्रदर्शित करते हैं। आचार्य हजारीप्रसाद द्विवेदी का मत है—"'बिहारी सतसई' हिन्दी की पहली उत्कृष्ट कोटि की श्रृंगार सतसई है।"

बिहारी के काव्य का मूल रस श्रृंगार है। श्रृंगार रस, यौवन एवं रूप सौन्दर्य बिहारी के काव्य में अपनी पूर्णता से तरंगित हुए हैं। श्रृंगार के सभी पक्षों का अत्यन्त मनमोहक एवं सजीव चित्रण इस कृति में हुआ है। संयोग श्रृंगार के अन्तर्गत रूप, वर्णन, प्रेम, व्यापार, नायिका भेद तथा नख-शिख वर्णन किया गया है—

बतरस लालच लाल की मुरली धरी लुकाइ।
सौंह करैं भौंहनु हँसै, दैन कहैं नटि जाइ॥

इनके काव्य में संयोग की अपेक्षा वियोग वर्णन कम हुआ है, परन्तु उसकी तीव्रता उतनी ही गहन है—

कागद पर लिखत न बनत, कहत सँदेसु लजात।
कहिहै सबु तेरौ हियौ मेरे हिय की बात॥

बिहारी के आराध्य श्रीकृष्ण हैं। बिहारी ने 'सतसई' के आरम्भ में मंगलाचरण के रूप में राधाकृष्ण की स्तुति की है—

मेरी भव-बाधा हरौ, राधा नागरि सोइ।
जा तन की झाँई परैं, स्यामु हरित-दुति होइ॥

डॉ. नगेन्द्र बिहारी की भक्ति भावना के विषय में लिखते हैं—"बिहारी के साहित्य में जो भक्ति मिलती है, वह उनकी शृंगारिकता का ही एक अंग है।"

बिहारी ने अपने अनुभव और ज्ञान के आधार पर 'सतसई' में अनेक नीतिपरक दोहे लिखे हैं। इन दोहों का क्षेत्र अत्यन्त व्यापक है। ये दोहे धर्म, राजनीति, समाज़, वैराग्य, सत्संग, स्त्री, कपट आदि से सम्बन्धित हैं। यथा—

नर की अरु नल-नीर की गति एकै करि जोइ।
जेतै नीची ह्वै चले, तेतौ ऊँचौ होइ॥

बिहारी का युग राजा और सामन्तों के वैभव और विलास का युग था और इस युग के विलास का केन्द्र सुरा और सुन्दरी थे। बिहारी ने राजा जय सिंह का भी चित्रण किया है जो अपने राज्य की चिन्ता छोड़ अपनी नवविवाहिता के प्रेम में मग्न थे। बिहारी लिखते हैं—

नहिं परागु नहिं मधुर मधु, नहिं बिकासु इहिं काल।
अली, कली ही सौं बंध्यौ, आगे कौन हवाल॥

बिहारी प्रकृति के कुशल चितेरे हैं। बिहारी के काव्य में षट्ऋतु वर्णन के अन्तर्गत बसंत, ग्रीष्म, पावस, शरद, हेमन्त, शिशिर के अतिरिक्त प्रकृति का आलंकारिक, उपदेशात्मक, आलम्बन और उद्दीपन रूप भी उद्घाटित हुआ है। जैसे—

बैठि रही अति सघन बन, पैठि सदन-तन माँह।
देखि दुपहरी जेठ की छाँहौं चाहति छाँह॥

बिहारी रससिद्ध कवि थे। उनमें इतनी प्रतिभा थी कि एक दोहे में ही अनेक भावों के चित्र उद्घाटित कर देते थे। जैसे—

कहत, नटत, रीझत, खिझत, मिलत, खिलत लजियात।
भरे भौंन में करत हैं, नैनन ही सौं बात॥

बिहारी का भाषा पर इतना अधिकार था कि वह केवल रीतिकाल के ही नहीं वरन् ब्रजभाषा के भी सर्वश्रेष्ठ कवि हैं। बिहारी की भाषा में सामासिक आलंकारिकता, सहजता, सरलता, सरसता, लाक्षणिकता, प्रवाहात्मकता, ध्वन्यात्मकता आदि

विशेषताएँ द्रष्टव्य हैं। अलंकारों का विविध आयामी निरूपण इनके काव्य में हुआ है। अनुप्रास, यमक, श्लेष, उपमा, दृष्टान्त, अतिशयोक्ति इत्यादि अलंकारों का प्रयोग 'बिहारी सतसई' में हुआ है। बिहारी ने दोहा, छन्द, शृंगार, शान्त और करुण रस का निरूपण अपने काव्य में किया है। 'बिहारी सतसई' मुक्तक रूप में लिखी गई है।

हिन्दी साहित्य विशेषत: रीतिकालीन कवियों में बिहारी शिरोमणि कवि हैं। उनका काव्य भाव और शिल्प, दोनों दृष्टियों से उत्तम है।

दोहा

मेरी भव-बाधा हरौ, राधा नागरि सोइ।
जा तन की झाँई परैं, स्यामु हरित-दुति होइ॥ 1॥

अपने अँग के जानि कै जोबन-नृपति प्रबीन।
स्तन, मन, नैन, नितंब की बड़ौ इजाफा कीन॥ 2॥

अर तै टरत न बर-परे, दई मरक मनु मैन।
होड़ाहोड़ी बढ़ि चले चितु, चतुराई, नैन॥ 3॥

औरे-ओप कनीनिकनु गनी घनी-सिरताज।
मनीं धनी के नेह की बनीं छनीं पट लाज॥ 4॥

सनि कज्जल चख-झख-लगन उपज्यौ सुदिन सनेहु।
क्यौं न नृपति ह्वै भोगवै लहि सुदेसु सबु देहु॥ 5॥

सालति है नटसाल सी, क्यौं हूँ निकसति नाँहि।
मनमथ-नेजा-नोक भी खुभी खुभी जिय माँहि॥ 6॥

जुवति जोन्ह मैं मिलि गई, नैंक न होति लखाइ।
सौंधे कैं डोरैं लगी अली चली सँग जाइ॥ 7॥

हौं रीझी लखि रीझिहौ छबिहिं छबीले लाल।
सोनजुही सी ह्वोति दुति-मिलत मालती माल॥ 8॥

बहके, सब जिय की कहत, ठौरु कुठौरु लखैंन।
छिन औरे, छिन और से, ए छबि छाके नैन॥ 9॥

फिरि फिरि चितु उत हीं रहतु, टुटी लाज की लाव।
अंग-अंग-छबि-झौंर मैं भयौ भौंर की नाव॥ 10॥

नौकी दई अनाकनी, फीकी परी गुहारि।
तज्यौ मनौ तारन-बिरदु बारक बारनु तारि॥ 11॥

चितई ललचौहैं चखनु डटि घूँघट-पट माँह।
छल सौं चली छुवाइ कै, छिनकु छबीली छाँह॥ 12॥

जोग-जुगति सिखए सबै मनौ महामुनि मैन।
चाहत पिय-अद्वैतता, काननु सेवत नैन॥ 13॥

खरी पातरी कान की, कौन बहाऊ बानि।
आक-कली न रली करै अली, अली, जिय जानि॥ 14॥

पिय-बिछुरन कौ दुसहु दुखु, हरषु जाल प्यौसार।
दुरजोधन लौं देखियति तजत प्रान इहि बार॥ 15॥

झीनैं पट मैं झुलमुली झलकति ओप अपार।
सुरतरु की मनु सिंधु मैं लसति सपल्लव डार॥ 16॥

डारे ठोड़ी-गाड़, गहि नैन-बटोही, मारि।
चिलक-चौंध मैं रूप-ठग, हाँसी-फाँसी डारि॥ 17॥

कीनैं हूँ कोरिक जतन, अब कहि काढ़ै कौनु।
भो मन मोहन-रूपु मिलि, पानी मैं कौ लौनु॥ 18॥

लाग्यो सुमनु ह्वै है सफलु आतप-रोसु निवारि।
बारी, बारी आपनी सींचि सुहृदता-बारि॥ 19॥

अजौ तर्‌यौना हीं रह्यौ श्रुति सेवत इक-रंग।
नाक बास बेसरि लह्यौ बसि मुकुतनु कैं संग॥ 20॥

जम-करि-मुँह-तरहरि पर्‌यौ, इहिं धरहरि चित लाउ।
विषय-तृषा परिहरि अजौं नरहरि के गुन गाउ॥ 21॥

पलनु पीक, अंजनु अधर, धरे महावरु भाल।
आजु मिले, सु भली करी; भले बने हौ लाल॥ 22॥

लाज-गरब-आलस-उमग-भरै नैन मुसकात।
राति-रमी रति देति कहि औरै प्रभा प्रभात॥ 23॥

पति रति की बतियाँ कहीं, सखी लखी मुसकाइ।
कै कै सबै टलाटलीं, अलीं चलीं सुखु पाइ॥ 24॥

तो पर वारौं उरबसी, सुनि, राधिके सुजान।
तू मोहन कैं उर बसी ह्वै उरबसी-समान॥ 25॥

घनानन्द

हिन्दी साहित्य के रीतिकाल में रीतिकाव्य के अतिरिक्त रीतिमुक्त काव्यधारा का भी महत्त्वपूर्ण स्थान है, जिसे 'स्वच्छन्द काव्यधारा' के नाम से भी जाना जाता है। इस काव्यधारा के प्रतिनिधि कवि घनानन्द हैं। इनका काव्य प्रेम और विरह से ओत-प्रोत है।

घनानन्द के जीवन के बारे में अनुमान के आधार पर ही जानकारी मिलती है। इनका जन्म 1673 ई. के आस-पास स्वीकार किया जाता है। घनानन्द मुगल सम्राट मुहम्मद शाह रंगीला (16वीं शताब्दी का उत्तरार्द्ध) के मीर मुंशी थे। इसी दरबार की एक वेश्या 'सुजान' पर इनकी आसक्ति थी। उसकी उपेक्षा के कारण घनानन्द को दरबार छोड़ना पड़ा। जीवन-भर सुजान के विरह में तड़पते रहे। सुजान का विरह ही उनकी काव्य-प्रेरणा का स्रोत तथा विषय-वस्तु है। घनानन्द वृन्दावन जाकर निम्बार्क सम्प्रदाय में दीक्षित होकर साधु जीवन व्यतीत करने लगे, किन्तु सुजान को नहीं भूले। वह अहमद शाह अब्दाली के दूसरे आक्रमण 1761 में मारे गए।

घनानन्द की बहुत-सी रचनाएँ मिलती हैं—'सुजान हित', 'वियोग बेलि', 'इश्कलता', 'प्रेम सरोवर', 'प्रेम पद्धति' आदि। अब इन रचनाओं को घनानन्द-ग्रंथावली के नाम से विश्वनाथ प्रसाद मिश्र ने सम्पादित कर प्रकाशित करवा दिया है। अपने जीवन में विरह की सच्ची प्रेरणा से काव्य-रचना के कारण इनके काव्य में एक सहजता एवं स्वाभाविकता आ गई है, इसीलिए घनानन्द लिखते हैं—

लोग हैं लागि कवित्त बनावत।
मोहि तो मेरे कवित्त बनावत॥

घनानन्द ने सौन्दर्य, प्रेम और विरह का चित्रण सूक्ष्म, मार्मिक एवं उत्कृष्ट रूप में किया है। उन्होंने अपनी प्रेमिका के रूप में सौन्दर्य का अत्यन्त मर्मस्पर्शी एवं हृदयस्पर्शी चित्र खींचा—

झलकै अति सुंदर आनन गौर, छकै दृग राजत काननि छ्वै।
हँसि बोलनि मैं छवि-फूलन की, बरषा उर-ऊपर जाति है ह्वै॥

ऐसा सौन्दर्य देखकर प्रेम हो जाना स्वाभाविक है। घनानन्द ने भी कुछ ऐसा ही भाव अभिव्यक्त किया है—

रावरे रूप को रीति अनूप, नयो-नयो लागत ज्यौं-ज्यौं निहारिये।
त्यों इन आँखिन बानि अनोखी, अघाति कहूँ नहिं आनि तिहारिये॥

संयोग पक्ष के साथ-साथ वियोग पक्ष भी पूर्ण उत्कर्ष एवं वेदना से परिपूर्ण है। घनानन्द का काव्य वेदना और विरह का काव्य है। विरह में हृदय की तड़प, विवशता, उपालंभ, दीनभाव आदि की भी व्यंजना हुई है—

रैन दिना घुटिबौं करैं प्रान, झरैं आँखियाँ दुखिया झरना सी।
प्रीतम की सुधि अन्तर में कसकै सखि ज्यौं पँसरीन मैं]गाँसी॥

विरह वेदना की गम्भीरता का परिचय प्रिय को दिए गए उपालम्भों से मिलता है। प्रिय से मिलन की इस आतुरता का परिचय प्रिय को भेजे गए विभिन्न सन्देशों से मिलता है तो उसके प्रेम की सघनता का प्रमाण सन्देश लेकर आने वाले के प्रति दिखाई गई विशिष्ट कृतज्ञता, दैन्यता एवं आत्मीयता में ढूँढ़ा जा सकता है—

जहाँ तैं पधारै मेरे नैननि हों पाँव धारे
वारै ये बिचारे प्रान पैंड़ पैंड़ पैं मनौ।
आतुर न होई हाहा नेकु फैंट छोरि बैठो
मोहि वा बिसासी को है ब्येरो बूझिबो घनौ॥
हाय निरदई कों हमारी सुधि कैसें आई
कौन बिधि दीनी पाती दीन जानि कै भनौ।
झूठ की सचाई छाक्यो त्यों हित कचाई पाक्यो
ताके गुन गन घनआनंद कहा गनौ॥

घनानन्द के काव्य में प्रेम, विरह की मार्मिक आकुलता व्यक्त हुई है।

भाषा की दृष्टि से यदि विचार किया जाए तो घनानन्द की भाषा ब्रज है। ब्रज भाषा का माधुर्य, स्वाभाविकता इनके काव्य में आ गई है। इनकी भाषा के विषय में आचार्य रामचन्द्र शुक्ल ने कहा है—

> "ये वियोग शृंगार के प्रधान मुक्तक कवि हैं। प्रेम की पीर को लेकर इनकी वाणी का प्रादुर्भाव हुआ है। प्रेम का ऐसा प्रवीण और धीर पथिक तथा ज़बाँदानी का ऐसा दावा रखने वाला ब्रजभाषा का दूसरा कवि नहीं हुआ।"

इन्होंने कविता को शृंगार प्रदान करने के लिए कवित्त, सवैया, दोहा-चौपाई आदि छन्दों का प्रयोग किया है। अलंकार इनके काव्य का सहज शृंगार है। अनुप्रास, उपमा, यमक, रूपक आदि अलंकार घनानन्द के काव्य की शोभा हैं।

अपनी विरहानुभूति और प्रेम सौन्दर्य के कारण रीतिकाल में इनका महत्त्वपूर्ण स्थान है। घनानन्द का काव्य प्रेम और विरह का संगम है। अनुभूति और अभिव्यक्ति में घनानन्द पूर्णत: सफल रहे हैं।

घनानंद-कवित्त

(मूल ग्रंथ)

कवित्त

लाजनि लपेटी चितवनि भेद-भाय-भरी,
लसति ललित लोल-चख-तिरछानि मैं।
छबि को सदन गोरो बदन, रुचिर भाल,
रस निचुरत मीठी मृदु मुसक्यानि मैं।
दसन-दमक फैलि हियें मोती-माल होति,
पिय सों लड़कि प्रेम-पगी बतरानि मैं।
आनँद की निधि जगमगति छबीली बाल,
अंगनि अनंग-रंग ढुरि मुरि जानि मैं॥ 1॥

सवैया

झलकै अति सुंदर आनन गौर, छके दृग राजत काननि छ्वै।
हँसि बोलनि मैं छबि-फूलन की बरषा, उर-ऊपर जाति है ह्वै।
लट लोल कपोल कलोल करै, कल कंठ बनी जलजावलि द्वै।
अँग-अंग तरंग उठै दुति की, परिहै मनौ रूप अबै धर च्वै॥ 2॥

कवित्त

छबि को सदन, मोदमंडित बदन-चंद
तृषित चखनि लाल! कब धौं दिखायहौ।
चटकीलो भेष करे मटकीली भाँति सों ही
मुरली अधर धरे लटकत आयहौ।
लोचन ढुराय, कछू मृदु मुसक्याय, नेह-
भीनी बतियानि लड़काय बतरायहौ।

विरह-जरत जिय जानि, आनि प्रानप्यारे,
कृपानिधि! आनँद को घन बरसायहौ॥ 3॥

वहै मुसक्यानि, वहै मृदु बतरानि, वहै
लड़कीली बानि आनि उर मैं अरति है।
वहै गति लैन, औ बजावनि ललित बैन,
वहै हँसि दैन, हियरा ते न टरति है।
वहै चतुराई सों चिताई चाहिबे की छबि,
वहै छैलताई न छिनक बिसरति है।
आनँदनिधान प्रानप्रीतम सुजान जू की,
सुधि सब भाँतिन सों बेसुधि करति है॥ 4॥

जासों प्रीति ताहि निठुराई सों निपट नेह,
कैसे करि जिय की जरनि सो जताइयै।
महा निरदई, दई कैसें कै जिवाऊँ जीव,
बेदन की बढ़वारि कहाँ लौं दुराइयै।
दुख को बखान करिबे कौं रसना कै होति,
ऐपै कहूँ वाको मुख देखन न पाइयै।
रैन-दिन चैन को न लेस कहूँ पैयै, भाग
आपने ही ऐसे, दोष काहि धौं लगाइयै॥ 5॥

सवैया

भोर तें साँझ लौं कानन-ओर निहारति बावरी नेकु न हारति।
साँझ तें भोर लौं तारनि ताकिबो तारनि सों इकतार न टारति।
जौ कहूँ भावतो दीठि परै घनआनँद आँसुनि औसर गारति।
मोहन-सोहन जोहन की लगियै रहै आँखिन के उर आरति॥ 6॥

कवित्त

भए अति निठुर, मिटाय पहचानि डारी,
याही दुख हमैं जक लागी हाय हाय है।
तुम तौ निपट निरदई, गई भूलि सुधि,
हमैं सूल सेलनि सो क्यौं हूँ न भुलाय है।
मीठे मीठे बोल बोलि, ठगी पहिलें तौ तब,
अब जिय जारत कहौ धौं कौन न्याय है।

सुनी है कै नाहीं, यह प्रगट कहावति जू,
काहू कलपायहै सु कैसे कल पाय है॥ 7 ॥

सवैया

हीन भएँ जल मीन अधीन, कहा कछु मो अकुलानि-समानै।
नीर-सनेही कों लाय कलंक निरास ह्वै कायर त्यागत प्रानै।
प्रीति की रीति सु क्यौं समुझै जड़, मीत के पानैं परें कों प्रमानै।
या मन की जु दसा घनआनँद जीव की जीवनि जान ही जानै॥ 8 ॥

मीत सुजान अनीत करौ जिन, हा हा न हूजियै मोहि अमोही।
दीठि कौं और कहूँ नहिं ठौर, फिरी दृग रावरे रूप की दोही।
एक बिसास की टेक गहे लगि आस रहे बसि प्रान-बटोही।
हौ घनआनँद जीवनमूल दई! कित प्यासनि मारत मोही॥ 9॥

पहिले घनआनँद सींचि सुजान कहीं बतियाँ अति प्यार-पगी।
अब लाय बियोग की लाय, बलाय बढ़ाय, बिसास-दगानि दगी।
अँखियाँ दुखियानि कुबानि परी, न कहूँ लगैं, कौन घरी सु लगी।
मति दौरि थकी, न लहै ठिक ठौर, अमोही के मोह मिठास-ठगी॥ 10॥

क्यौं हँसि हेरि हर्‌यौ हियरा, अरु क्यौं हित कै चित चाह बढ़ाई।
काहे कों बोलि सुधासने बैननि, चैननि मैन-निसैन चढ़ाई।
सौ सुधि मो हिय मैं घनआनँद सालति क्यौं हूँ कढ़ै न कढ़ाई।
मीत सुजान अनीत की पाटी, इते पै न जानियै कौनै पढ़ाई॥ 11॥

कवित्त

प्रीतम सुजान मेरे हित के निधान, कहौ
कैसे रहैं प्रान जौ अनखि अरसायहौ।
तुम तौ उदार दीन हीन आनि पर्‌यौ द्वार,
सुनियै पुकार याहि कौ लौं तरसायहौ।
चातिक है रावरो, अनोखो मोह-आवरो
सुजान-रूप-बावरो, बदन दरसायहौ।
विरह नसाय, दया हिय मैं बसाय, आय
हाय! कब आनँद को घन बरसायहौ॥ 12॥

सवैया

तब तौ छबि पीवत जीवत हे, अब सोचन लोचन जात जरे।
हित-पोष के तोष सु प्रान पले, बिललात महादुख-दोष-भरे।
घनआनँद मीत सुजान बिना सब ही सुख-साज-समाज टरे।
तब हार पहार से लागत हे अब आनि कै बीच पहार परे॥ 13॥

पहिलें अपनाय सुजान सनेह सों, क्यौं फिरि तेह कै तौरियै जू।
निरधार अधार दै धार मझार, दई गहि बाँह न बोरियै जू।
घनआनँद आपने चातक कों, गुन-बाँधिलैं मोह न छोरियै जू।
रस प्याय कै ज्याय, बढ़ाय कै आस, बिसास मैं यौं बिस घोरियै जू॥ 14॥

रावरे रूप की रीति अनूप, नयो नयो लागत ज्यौं ज्यौं निहारियै।
त्यौं इन आँखिन बानि अनोखी, अघानि कहूँ नहिं आनि तिहारियै॥
एक ही जीव हुतौ सु तौ वार्‌यौ, सुजान! सकोच औ सोच सहारियै।
रोकी रहै न, दहै, घनआनँद बावरी रीझ के हाथन हारियै॥ 15॥

कवित्त

आस ही अकास-मधि अवधि-गुनै बढ़ाय,
चोपनि चढ़ाय दीनौ, कीनौ खेल सो यहै।
निपट कठोर ये हो ऐचत न आप-ओर
लाड़िले सुजान सों दुहेली दसा को कहै।
अचिरजमई मोहिं भई घनआनँद यौं
हाथ साथ लाग्यौ, पै समीप न कहूँ लहै।
विरह-समीर की झकोरनि अधीर, नेह-
नीर भीज्यौ जीव, तऊ गुड़ी लौं उड्यौ रहै॥ 16॥

सवैया

घनाआनँद जीवनमूल सुजान की कौंधन हूँ न कहूँ दरसैं।
सु न जानियै धौं कित छाय रहे, दृग-चातिग-प्रान तपे तरसैं॥
बिन पावस तो, इन थ्यावस हो न, सु क्यौं करि ये अब सो परसैं।
बदरा बरसै रितु मैं घिरि कै नित ही अँखियाँ उघरी बरसैं॥ 17॥

कवित्त

जेतो घट सोधौं पै न पाऊँ कहाँ आहि सो धौं
को धौं जीव जारै अटपटी गीत दाह की
धूम कों न धरै, गात सीरो परै जगैं ज्यौं जरै
ढरै नैन-नीर, वीर? हरे मति आह की।
जतन बुझे हैं सब जाकी झर आगें, अब,
कबहूँ न दबै भरी भभक उमाह की।
जब ते निहारे घनआनँद सुजान प्यारे
तब ते अनोखी आगि लागि रही चाह की॥ 18॥

कवित्त

आँखैं जौ न देखैं, तौ कहा हैं कछु देखति ये
ऐसी दुखहाइनि की दसा आय देखियै।
प्रानन के प्यारे जान रूप-उजियारे, बिना
मिलन तिहारे इन्हैं कौन लेखे लेखियै॥
नीर-न्यारे मीन औ चकोर चंदहीन हूँ ते
अति ही अधीन दीन गति मति पेखियै।
हौ जू घनआनँद ढरारे रसभरे भारे
चातिक बिचारे सों न चूकनि परेखियै॥ 19॥

जहाँ तें पधारे मेरे नैननि ही पाँव धारे
वारे ये बिचारे प्रान पैंड़ पैंड़ पै मनौ।
आतुर न होहु हा हा नेकु फैंट छोरि बैठौ
मोहिं वा बिसासी को है ब्यौरो बूझिबो घनौ॥
हाय निरदई कों हमारी सुधि कैसें आई
कौन बिधि दीनी पाती दीन जानि कै भनौ।
झूठ की सचाई छाक्यौ त्यौं हित-कचाई पाक्यौ
ताके गुनगन घनआनँद कहा गनौ॥ 20॥

सोरठा

घनआनँद रस-ऐन, कहौ कृपानिधि कौन हित।
मरत पपीहा-नैन, दरसौ पै बरसौ नहीं॥ 21॥

पहचानै हरि कौन, मो से अनपहचान कों।
त्यौं पुकार मधि-मौन, कृपा-कान मधि-नैन ज्यौं॥ 22॥

कवित्त

आसा-गुन बाँधि कै भरोसो-सिल धरि छाती
पूरे पन-सिंधु मैं न बूड़त सकायहौं।
दुख-दव हिय जारि, अंतर उदेग-आँच
रोम रोम त्रासनि निरंतर तचायहौं॥
लाख लाख भाँतिन की दुसह दसानि जानि
साहस सहारि सिर आरे लौं चलायहौं।
ऐसे घनआनँद गही है टेक मन माहिं
एरे निरदई तोहि दया उपजायहौं॥ 23॥

सवैया

अंतर-आँच उसास तचै अति, अंग उसीजै उदेग की आवस।
ज्यौ कहलाय मसोसनि ऊमस क्यौं हूँ कहूँ सु धरै नहिं थ्यावस।
नैनउ धारि दिये बरसैं घनआनँद छाई अनोखियै पावस।
जीवनिमूरति जान को आनन है बिन हे रें सदाई अमावस॥ 24॥

जान के रूप लुभाय कै नैननि बेचि करी अधबीच ही लौंड़ी।
फैलि गई घर-बाहिर बात सु नीकैं भई इन काज कनौंड़ी॥
क्यौं करि थाह लहे घनआनँद चाह-नदी तट ही अति औंड़ी।
हाय दई! न बिसासी सुनै कछु, है जग बाजति नेह की डौंड़ी॥ 25॥

आधुनिककाल

जयशंकर प्रसाद

जयशंकर प्रसाद का जन्म सन् 1889 ई. में वाराणसी के एक सम्भ्रान्त वैश्य परिवार में हुआ था। 'सुँघनी साहू' के नाम से प्रसिद्ध श्री देवीप्रसाद इनके पिता थे। श्री देवीप्रसाद की मृत्यु तब हो गई जब प्रसाद मात्र तेरह साल के थे। ये वाराणसी के क्वींस कॉलेज के छात्र थे, जहाँ इन्होंने आठवीं कक्षा तक स्कूली शिक्षा पाई थी। स्कूल छूटने के बाद प्रसाद ने घर पर ही संस्कृत, अंग्रेजी, हिन्दी, उर्दू तथा फारसी भाषाओं का अध्ययन किया था। काशी के प्रसिद्ध विद्वान दीनबन्धु ब्रह्मचारी से इन्होंने संस्कृत के प्राचीन साहित्य का गम्भीर ज्ञान प्राप्त किया। एक-एक करके दो पत्नियों की अकाल मृत्यु के कारण इनका तीसरा विवाह भी हुआ। इनके पुत्र रत्नशंकर का जन्म इसी तीसरी पत्नी से हुआ था।

प्रसाद अत्यन्त सौम्य, शान्त एवं गम्भीर प्रकृति के व्यक्ति थे। इनका परिवार शैव था। इसीलिए प्रसाद का व्यक्तित्व भी शैव-दर्शन से प्रभावित था। इनका जीवन अत्यन्त नियमित था। शतरंज, बागबानी, शास्त्र-चर्चा और कविता-पाठ इनके मनोविनोद के साधन थे। इनको संगीत, चित्र और मूर्तिकला से भी गहरा अनुराग था, पर इनका अधिकांश समय अपने व्यावसायिक कारोबार की देखभाल में व्यतीत हो जाया करता था। जयशंकर प्रसाद की प्रारम्भिक काव्य-रचनाएँ ब्रजभाषा में हैं। 'कानन कुसुम' और 'प्रेम पथिक' इनकी प्रारम्भिक रचनाएँ हैं। छायावादी प्रवृत्तियों के दर्शन सबसे पहले 'झरना' में होते हैं। 'झरना', 'आँसू' तथा 'लहर' इनकी प्रमुख काव्य-रचनाएँ हैं और 'कामायनी' इनकी अन्तिम एवं प्रौढ़तम काव्य-कृति है। 'कामायनी' में मानव-सभ्यता के विकास की मनोवैज्ञानिक कथा है।

जयशंकर प्रसाद का रचना-संसार बहुत विस्तृत है। इन्होंने कविता के अतिरिक्त नाटक, उपन्यास, कहानी और समीक्षात्मक निबन्ध लिखकर अपनी प्रतिभा का परिचय दिया। नाटक के क्षेत्र में तो इनका स्थान सर्वोच्च है। इनके नाटकों के सुन्दर गीत इनके कविहृदय के परिचायक हैं। इनके उपन्यासों तथा कहानियों में भी गद्यकाव्य-सा लालित्य है।

प्रसाद की भाषा संस्कृतनिष्ठ खड़ी बोली है। इन्होंने अपने काव्य में प्रतीक विधान और लाक्षणिक शैली का प्रयोग कर अपने सूक्ष्म भावों को मूर्त रूप प्रदान

किया है। कल्पना की मनोरमता, भावुकता और भाषा-शैली की प्रौढ़ता को इनकी रचनाओं में सर्वत्र देखा जा सकता है। 'आँसू' से लेकर इनकी सभी मुक्तक और प्रबन्धात्मक रचनाएँ गीति शैली में प्रस्तुत हैं। गीतात्मकता की यह प्रवृत्ति इनके ख्यात महाकाव्य 'कामायनी' में भी मौजूद है।

प्रकाशित साहित्य

काव्य : 'कानन कुसुम', 'महाराणा का महत्त्व', 'चित्राधार', 'प्रेम पथिक', 'झरना', 'आँसू', 'लहर', 'कामायनी'।

नाटक : 'राज्यश्री', 'विशाख', 'अजातशत्रु', 'जनमेजय का नागयज्ञ', 'कामना', 'स्कन्दगुप्त', 'एक घूँट', 'चन्द्रगुप्त', 'ध्रुवस्वामिनी'।

उपन्यास : 'कंकाल', 'तितली', 'इरावती' (अपूर्ण)।

कहानी-संग्रह : 'छाया', 'प्रतिध्वनि', 'आकाशदीप', 'आँधी', 'इन्द्रजाल'।

निबन्ध : 'काव्य और कला तथा अन्य निबन्ध'।

निधन : 48 वर्ष की अल्पायु में क्षय रोग से सन् 1936 ई. में।

चिन्ता

हिमगिरि के उत्तुंग शिखर पर, बैठ शिला की शीतल छाँह,
एक पुरुष, भीगे नयनों से, देख रहा था प्रलय प्रवाह।
नीचे जल था, ऊपर हिम था, एक तरल था, एक सघन,
एक तत्त्व की ही प्रधानता—कहो उसे जड़ या चेतन।

दूर-दूर तक विस्तृत था हिम स्तब्ध उसी के हृदय समान,
नीरवता-सी शिला चरण से टकराता फिरता पवमान।
तंरुण तपस्वी-सा वह बैठा, साधन करता सुर-श्मशान,
नीचे प्रलयसिंधु लहरों का होता था सकरुण अवसान।

उसी तपस्वी-से लम्बे थे देवदारु दो चार खड़े,
हुए हिम-धवल, जैसे पत्थर बन कर ठिठुरे रहे अड़े।
अवयव की दृढ़ मांस-पेशियाँ, ऊर्जस्वित था वीर्य्य अपार,
स्फीत शिरायें, स्वस्थ रक्त का होता था जिनमें संचार।

चिन्ता-कातर बदन हो रहा पौरुष जिसमें ओत प्रोत,
उधर उपेक्षामय यौवन का बहता भीतर मधुमय स्रोत।
बँधी महावट से नौका थी सूखे में अब पड़ी रही,
उतर चला था वह जल-प्लावन, और निकलने लगी मही।

निकल रही थी मर्म वेदना, करुणा विकल कहानी-सी,
वहाँ अकेली प्रकृति सुन रही, हँसती-सी पहचानी-सी।

"ओ चिन्ता की पहली रेखा, अरी विश्व वन की व्याली,
ज्वालामुखी स्फोट के भीषण, प्रथम कंप-सी मतवाली!
है अभाव की चपल बालिके, री ललाट की खल लेखा!
हरी-भरी-सी दौड़-धूप, ओ जल-माया की चल रेखा!

इस ग्रह कक्षा की हलचल—री तरल गरल की लघु लहरी,
जरा अमर-जीवन की, और न कुछ सुनने वाली, बहरी!
अरी व्याधि की सूत्र-धारिणी—अरी आधि, मधुमय अभिशाप,
हृदय-गगन में धूमकेतु-सी, पुण्य-सृष्टि में सुन्दर पाप।

मनन करावेगी तू कितना? उस निश्चिन्त जाति का जीव,
अमर मरेगा क्या? तू कितनी गहरी डाल रही है नींव।
आह! घिरेगी हृदय-लहलहे-खेतों पर करका-घन-सी,
छिपी रहेगी अंतरतम में सब के तू निगूढ़ धन-सी।

बुद्धि, मनीषा, मति, आशा, चिन्ता तेरे हैं कितने नाम,
अरी पाप है तू, जा, चल जा, यहाँ नहीं कुछ तेरा काम!
विस्मृति आ, अवसाद घेर ले, नीरवते! बस चुप कर दे,
चेतनता चल जा, जड़ता से आज शून्य मेरा भर दे।"

"चिन्ता करता हूँ मैं जितनी उस अतीत की, उस सुख की,
उतनी ही अनंत में बनती जातीं रेखायें दुख की।
आह सर्ग के अग्रदूत! तुम असफल हुए, विलीन हुए,
भक्षक या रक्षक जो समझो, केवल अपने मीन हुए।

अरी आँधियो! ओ बिजली की दिवा-रात्रि तेरा नर्तन,
उसी वासना की उपासना, वह तेरा प्रत्यावर्तन।
मणि-दीपों के अंधकारमय अरे निराशापूर्ण भविष्य,
देव-दम्भ के महामेघ में सब कुछ ही बन गया हविष्य।

अरे अमरता के चमकीले पुतलो! तेरे वे जयनाद—
काँप रहे हैं आज प्रतिध्वनि बन कर मानो दीन विषाद।
प्रकृति रही दुर्जेय, पराजित हम सब थे भूले मद में,
भोले थे, हाँ, तिरते केवल सब विलासिता के नद में।

वे सब डूबे, डूबा उनका विभव, बन गया पारावार—
उमड़ रहा है देव-सुखों पर दुख-जलधि का नाद अपार।"

"वह उन्मत्त विलास हुआ क्या? स्वप्न रहा या छलना थी!
देवसृष्टि की सुख-विभावरी ताराओं की कलना थी।
चलते थे सुरभित अंचल से जीवन के मधुमय निश्वास,
कोलाहल में मुखरित होता देव जाति का सुख-विश्वास।

सुख, केवल सुख का वह संग्रह, केन्द्रीभूत हुआ इतना,
छायापथ में नव तुषार का सघन मिलन होता जितना।
सब कुछ थे स्वायत्त, विश्व के—बल, वैभव, आनन्द अपार,
उद्वेलित लहरों-सा होता, उस समृद्धि का सुख-संचार।

कीर्ति, दीप्ति शोभा थी नचती अरुण-किरण-सी चारों ओर,
सप्त सिंधु के तरल कणों में, द्रुम दल में आनंद-विभोर।
शक्ति रही हाँ शक्ति—प्रकृति थी पद-तल में विनम्र विश्रांत,
कँपती धरणी, उन चरणों से होकर प्रतिदिन ही आक्रांत!

स्वयं देव थे हम सब, तो फिर क्यों न विशृंखल होती सृष्टि?
अरे अचानक हुई इसी से कड़ी आपदाओं की वृष्टि।
गया, सभी कुछ गया, मधुरतम सुर बालाओं का श्रृंगार,
उषा ज्योत्स्ना-सा यौवन-स्मित मधुप-सदृश निश्चिन्त विहार।

भरी वासना-सरिता का वह कैसा था मदमत्त प्रवाह,
प्रलय-जलधि में संगम जिसका देख हृदय था उठा कराह।"

"चिर-किशोर-वय, नित्य विलासी—सुरभित जिससे रहा दिगंत,
आज तिरोहित हुआ कहाँ वह मधु से पूर्ण अनंत वसंत?
कुसुमित कुंजों में वे पुलकित प्रेमालिंगन हुए विलीन,
मौन हुई हैं मूर्च्छित तानें और न सुन पड़ती अब बीन।

अब न कपोलों पर छाया-सी पड़ती मुख की सुरभित भाप,
भुज-मूलों में शिथिल वसन की व्यस्त न होती है अब माप।
कंकण क्वणित, रणित नूपुर थे, हिलते थे छाती पर हार,
मुखरित था कलरव, गीतों में स्वर-लय का होता अभिसार।

सौरभ से दिगंत पूरित था, अंतरिक्ष आलोक-अधीर,
सब में एक अचेतन गति थी, जिससे पिछड़ा रहे समीर!
वह अनंग-पीड़ा-अनुभव-सा अंग-भंगियों का नर्तन,
मधुकर के मरंद-उत्सव-सा मदिर भाव से आवर्तन।

सुरा सुरभिमय बदन अरुण वे नयन भरे आलस अनुराग,
कल कपोल था जहाँ बिछलता कल्पवृक्ष का पीत पराग।
विकल वासना के प्रतिनिधि वे सब मुरझाये चले गये,
आह! जले अपनी ज्वाला से, फिर वे जल में गले, गये।"

"अरी उपेक्षा भरी अमरते! री अतृप्ति! निर्बाध विलास!
द्विधा-रहित अपलक नयनों की भूख भरी दर्शन की प्यास!
बिछड़े तेरे सब आलिंगन, पुलक स्पर्श का पता नहीं,
मधुमय चुंबन कातरतायें, आज न मुख को सता रहीं।

रत्न सौंध के वातायन, जिनमें आता मधु-मदिर समीर,
टकराती होगी अब उनमें तिमिंगिलों की भीड़ अधीर।
देवकामिनी के नयनों से जहाँ नील नलिनों की सृष्टि—
होती थी, अब वहाँ हो रही प्रलयकारिणी भीषण वृष्टि।

वे अम्लान-कुसुम-सुरभित—मणि-रचित मनोहर मालायें,
बनीं शृंखला, जकड़ीं जिनमें विलासिनी सुर बालायें।
देव-यजन के पशु यज्ञों की वह पूर्णाहुति की ज्वाला,
जलनिधि में बन जलती कैसी आज लहरियों की माला!"

"उनको देख कौन रोया यों अंतरिक्ष में बैठ अधीर!
व्यस्त बरसने लगा अश्रुमय यह प्रालेय हलाहल नीर!
हाहाकार हुआ क्रंदनमय कठिन कुलिश होते थे चूर,
हुए दिगंत बधिर, भीषण रव बार-बार होता था क्रूर।

दिग्दाहों से धूम उठे, या जलधर उठे क्षितिज तट के!
सघन गगन में भीम प्रकंपन, झंझा के चलते झटके।
अंधकार में मलिन मित्र की धुँधली आभा लीन हुई,
वरुण व्यस्त थे, घनी कालिमा स्तर-स्तर जमती पीन हुई।

पंचभूत का भैरव मिश्रण, शंपाओं के शकल-निपात,
उल्का लेकर अमर शक्तियाँ खोज रहीं ज्यों खोया प्रात।
बार-बार उस भीषण रव से कँपती धरती देख विशेष,
मानो नील व्योम उतरा हो आलिंगन के हेतु अशेष।

उधर गरजतीं सिंधु लहरियाँ कुटिल काल के जालों-सी,
चली आ रहीं फेन उगलती फन फैलाये व्यालों-सी।
धँसती धरा, धधकती ज्वाला, ज्वालामुखियों के निश्वास,
और संकुचित क्रमशः उसके अवयव का होता था ह्रास।

सबल तरंगाघातों से उस क्रुद्ध सिंधु के, विचलित-सी
व्यस्त महा कच्छप-सी धरणी, ऊभ-चूभ थी विकलित-सी।
बढ़ने लगा विलास-वेग-सा वह अति भैरव जल-संघात,
तरल तिमिर से प्रलय पवन का होता आलिंगन, प्रतिघात।

वेला क्षण-क्षण निकट आ रही क्षितिज क्षीण, फिर लीन हुआ,
उदधि डुबाकर अखिल धरा को बस मर्यादाहीन हुआ।
करका क्रंदन करती गिरती और कुचलना था सब का,
पंचभूत का यह तांडवमय नृत्य हो रहा था कब का।"

"एक नाव थी, और न उसमें डाँड़े लगते, या पतवार,
तरल तरंगों में उठ गिर कर बहती पगली बारम्बार!
लगते प्रबल थपेड़े, धुँधले तट का था कुछ पता नहीं,
कातरता से भरी निराशा देख नियति पथ बनी वहीं।

लहरें व्योम चूमती उठतीं; चपलायें असंख्य नचतीं,
गरल जलद की खड़ी झड़ी में बूँदें निज संसृति रचतीं।
चपलायें उस जलधि-विश्व में स्वयं चमत्कृत होती थीं,
ज्यों विराट् बाड़व ज्वालायें खंड-खंड हो रोती थीं।

जलनिधि के तलवासी जलचर विकल निकलते उतराते,
हुआ विलोड़ित गृह, तब प्राणी कौन! कहाँ! कब! सुख पाते?

घनीभूत हो उठे पवन, फिर श्वासों की गति होती रुद्ध,
और चेतना थी बिलखाती, दृष्टि विफल होती थी क्रुद्ध।

उस विराट् आलोड़न में, ग्रह तारा बुद-बुद से लगते,
प्रखर प्रलय-पावस में जगमग, ज्योतिरिंगणों से जगते।

प्रहर दिवस कितने बीते, अब इसको कौन बता सकता!
इनके सूचक उपकरणों का, चिह्न न कोई पा सकता।
काला शासन-चक्र मृत्यु का कब तक चला, न स्मरण रहा,
महामत्स्य का एक चपेटा दीन पोत का मरण रहा।

किन्तु, उसी ने ला टकराया इस उत्तरगिरि के शिर से,
देव-सृष्टि का ध्वंस अचानक श्वास लगा लेने फिर से।
आज अमरता का जीवित हूँ मैं वह भीषण जर्जर दम्भ,
आह सर्ग के प्रथम अंक का अधम पात्र मय सा विष्कंभ!"

"ओ जीवन की मरु मरीचिका, कायरता के अलस विषाद!
अरे पुरातन अमृत! अगतिमय महोमुग्ध जर्जर अवसाद।
मौन! नाश! विध्वंस! अँधेरा! शून्य बना जो प्रकट अभाव,
वही सत्य है, अरी अमरते! तुझको यहाँ कहाँ अब ठाँव?

मृत्यु, अरी चिर-निद्रे! तेरा अंक हिमानी-सा शीतल,
तू अनंत में लहर बनाती काल-जलधि की-सी हलचल।
महानृत्य का विषम सम, अरी अखिल स्पंदनों की तू माप,
तेरी ही विभूति बनती है सृष्टि सदा होकर अभिशाप।

अंधकार के अट्टहास-सी, मुखरित सतत चिरंतन सत्य,
छिपी सृष्टि के कण-कण में तू, यह सुन्दर रहस्य है नित्य।
जीवन तेरा क्षुद्र अंश है व्यक्त नील घन-माला में,
सौदामिनी-संधि-सा सुन्दर क्षण भर रहा उजाला में।"

पवन पी रहा था शब्दों को निर्जनता की उखड़ी साँस,
टकराती थी, दीन प्रतिध्वनि बनी हिम-शिलाओं के पास।

धू-धू करता नाच रहा था अनस्तित्व का तांडव नृत्य,
आकर्षण-विहीन विद्युत्कण बने भारवाही थे भृत्य।

मृत्यु सदृश शीतल निराश ही आलिंगन पाती थी दृष्टि,
परमव्योम से भौतिक कण-सी घने कुहासों की थी वृष्टि।
वाष्प बना उड़ता जाता था या वह भीषण जल-संघात,
सौरचक्र में आवर्तन था प्रलय निशा का होता प्रात।

श्रद्धा सर्ग

"कौन तुम? संसृति-जलनिधि तीर-तरंगों से फेंकी मणि एक,
कर रहे निर्जन का चुपचाप प्रभा की धारा से अभिषेक?
मधुर विश्रान्त और एकान्त-जगत् का सुलझा हुआ रहस्य,
एक करुणामय सुन्दर मौन और चंचल मन का आलस्य!"

सुना यह मनु ने मधु गुंजार मधुकरी का-सा जब सानन्द,
किए मुख नीचा कमल समान प्रथम कवि का ज्यों सुन्दर छन्द,
एक झिटका-सा लगा सहर्ष, निरखने लगे लुटे-से, कौन
गा रहा यह सुन्दर संगीत? कुतूहल रह न सका फिर मौन।

और देखा वह सुन्दर दृश्य नयन का इन्द्रजाल अभिराम,
कुसुम-वैभव में लता समान चन्द्रिका से लिपटा घनश्याम।
हृदय की अनुकृति बाह्य उदार एक लम्बी काया, उन्मुक्त;
मधु-पवन-क्रीडित ज्यों शिशु साल, सुशोभित हो सौरभ-संयुक्त।

मसृण, गान्धार देश के नील रोम वाले मेघों के चर्म,
ढक रहे थे उसका वपु कान्त बन रहा था वह कोमल वर्म।
नील परिधान बीच सुकुमार खुल रहा मृदुल अधखुला अंग,
खिला हो ज्यों बिजली का फूल मेघ-बन बीच गुलाबी रंग।

आह! वह मुख! पश्चिम के व्योम-बीच जब घिरते हों घनश्याम,
अरुण रवि-मंडल उनको भेद दिखाई देता हो छविधाम।
या कि, नव इन्द्रनील लघु श्रृंग फोड़कर धधक रही हो कान्त;
एक लघु ज्वालामुखी अचेत माधवी रजनी में अश्रान्त।

घिर रहे थे घुँघराले बाल अंस अवलम्बित मुख के पास,
नील घनशावक-से सुकुमार सुधा भरने को विधु के पास।
और उस मुख पर वह मुसकान! रक्त किसलय पर ले विश्राम;
अरुण की एक किरण अम्लान अधिक अलसाई हो अभिराम।

नित्य-यौवन छवि से ही दीप्त विश्व की करुण कामना मूर्ति,
स्पर्श के आकर्षण से पूर्ण प्रकट करती ज्यों जड़ में स्फूर्ति।
उषा की पहिली लेखा कान्त, माधुरी से भीगी भर मोद,
मद भरी जैसे उठे सलज्ज भोर की तारक-द्युति की गोद।

कुसुम कानन-अंचल में मन्द पवन प्रेरित सौरभ साकार,
रचित परमाणु पराग शरीर खड़ा हो ले मधु का आधार।
और पड़ती हो उस पर शुभ्र नवल मधु-राका मन की साध,
हँसी का मद-विह्वल प्रतिबिम्ब मधुरिमा खेला सदृश अबाध।

कहा मनु ने नभ धरणी बीच बना जीवन रहस्य निरुपाय,
एक उल्का-सा जलता भ्रान्त, शून्य में फिरता हूँ असहाय।
शैल निर्झर न बना हतभाग्य, गल नहीं सका जो कि हिम-खंड,
दौड़कर मिला न जलनिधि-अंक आह वैसा ही हूँ पाषंड।

पहेली-सा जीवन है व्यस्त उसे सुलझाने का अभिमान,
बताता है विस्मृति का मार्ग चल रहा हूँ बनकर अनजान।
भूलता ही जाता दिन-रात सजल अभिलाषा कलित अतीत,
बढ़ रहा तिमिर गर्भ में नित्य, दीन जीवन का यह संगीत।

क्या कहूँ, क्या हूँ मैं उद्भ्रान्त? विवर में नील गगन के आज,
वायु की झटकी एक तरंग, शून्यता का उजड़ा-सा राज।
एक विस्मृति का स्तूप अचेत, ज्योति का धुँधला-सा प्रतिबिम्ब
और जड़ता की जीवन-राशि, सफलता का संकलित विलम्ब।

"कौन हो तुम वसन्त के दूत विरस पतझड़ में अति सुकुमार!
घन-तिमिर में चपला की रेख, तपन में शीतल मन्द बयार।
नखत की आशा किरण समान हृदय के कोमल कवि की कान्त—
कल्पना की लघु लहरी दिव्य, कर रही मानस हलचल शान्त।"

लगा कहने आगन्तुक व्यक्ति मिटाता उत्कंठा सविशेष,
दे रहा हो कोकिल सानन्द सुमन को ज्यों मधुमय सन्देश।
भरा था मन में नव उत्साह सीख लूँ ललित कला का ज्ञान,
इधर रह गन्धर्वों के देश, पिता की हूँ प्यारी सन्तान।

घूमने का मेरा अभ्यास, बढ़ा था मुक्त व्योम-तल नित्य,
कुतूहल खोज रहा था व्यस्त, हृदय-सत्ता का सुन्दर सत्य।
दृष्टि जब जाती हिमगिरि ओर प्रश्न करता मन अधिक अधीर,
धरा की यह सिकुड़न भयभीत आह कैसी है? क्या है पीर?

मधुरिमा में अपनी ही मौन, एक सोया सन्देश महान,
सजग हो करता था संकेत, चेतना मचल उठी अनजान।
बढ़ा मन और चले ये पैर, शैल-मालाओं का श्रृंगार,
आँख की भूख मिटी यह देख आह कितना सुन्दर सँभार!

एक दिन सहसा सिन्धु अपार लगा टकराने नग तल क्षुब्ध,
अकेला यह जीवन निरुपाय आज तक घूम रहा विश्रब्ध।
यहाँ देखा कुछ बलि का अन्न, भूत-हित-रत किसका यह दान!
इधर कोई है अभी सजीव, हुआ ऐसा मन में अनुमान।

तपस्वी! क्यों इतने हो क्लान्त? वेदना का यह कैसा वेग?
आह! तुम कितने अधिक हताश बताओ यह कैसा उद्वेग!
हृदय में क्या है नहीं अधीर, लालसा जीवन की नि:शेष?
कर रहा वंचित कहीं न त्याग तुम्हें, मन में धर सुन्दर वेश!

दुख के डर से तुम अज्ञात जटिलताओं का कर अनुमान,
काम से झिझक रहे हो आज, भविष्यत् से बनकर अनजान।
कर रही लीलामय आनन्द, महा चिति सजग हुई सी व्यक्त,
विश्व का उन्मीलन अभिराम इसी में सब होते अनुरक्त।

काम मंगल से मंडित श्रेय, स्वर्ग इच्छा का है परिणाम,
तिरस्कृत कर उसको तुम भूल बनाते हो असफल भवधाम।
दुख की पिछली रजनी बीच विकसता सुख का नवल प्रभात,
एक परदा यह झीना नील छिपाए है जिसमें सुख गात।

जिसे तुम समझे हो अभिशाप, जगत् की ज्वालाओं का मूल;
ईश का वह रहस्य वरदान, कभी मत इसको जाओ भूल।
विषमता की पीड़ा से व्यक्त हो रहा स्पन्दित विश्व महान,
यही दुख-सुख विकास का सत्य यही भूमा का मधुमय दान।

नित्य समरसता का अधिकार उमड़ता कारण जलधि समान,
व्यथा से नीली लहरों बीच बिखरते सुख-मणिगण-द्युतिमान।
लगे कहने मनु सहित विषाद "मधुर मारुत से ये उच्छ्वास,
अधिक उत्साह तरंग अबाध उठाते मानस में सविलास।

किन्तु जीवन कितना निरुपाय! लिया है देख नहीं सन्देह,
निराशा है जिसका परिणाम, सफलता का वह कल्पित गेह।"
कहा आगन्तुक ने सस्नेह—"अरे, तुम इतने हुए अधीर!
हार बैठे जीवन का दाँव, जीतते मरकर जिसको वीर।

तप नहीं केवल जीवन सत्य करुण यह क्षणिक दीन अवसाद,
तरल आकांक्षा से है भरा सो रहा आशा का आह्लाद।
प्रकृति के यौवन का शृंगार करेंगे कभी न बासी फूल,
मिलेंगे वे जाकर अति शीघ्र आह उत्सुक है उनकी धूल।

पुरातनता का यह निर्मोक सहन करती न प्रकृति पल एक,
नित्य नूतनता का आनन्द किए है परिवर्तन में टेक।
युगों की चट्टानों पर सृष्टि डाल पद-चिह्न चली गम्भीर,
देव, गन्धर्व, असुर की पंक्ति अनुसरण करती उसे अधीर।"

एक तुम, यह विस्तृत भू-खंड प्रकृति वैभव से भरा अमन्द,
कर्म का भोग, भोग का कर्म, यही जड़ का चेतन आनन्द।
अकेले तुम कैसे असहाय यजन कर सकते? तुच्छ विचार!
तपस्वी! आकर्षण से हीन कर सके नहीं आत्म-विस्तार।

दब रहे हो अपने ही बोझ खोजते भी न कहीं अवलम्ब,
तुम्हारा सहचर बनकर क्या न उऋण होऊँ मैं बिना विलम्ब?
समर्पण लो सेवा का सार, सजल संसृति का यह पतवार,
आज से यह जीवन उत्सर्ग इसी पद तल में विगत विकार

दया, माया, ममता लो आज, मधुरिमा लो, अगाध विश्वास,
हमारा हृदय रत्न-निधि स्वच्छ तुम्हारे लिए खुला है पास।
बनो संसृति के मूल रहस्य, तुम्हीं से फैलेगी वह बेल,
विश्व-भर सौरभ से भर जाए सुमन के खेलो सुन्दर खेल।

और यह क्या तुम सुनते नहीं विधाता का मंगल वरदान—
शक्तिशाली हो, विजयी बनो, विश्व में गूँज रहा जय गान।
डरो मत, अरे अमृत सन्तान अग्रसर है मंगलमय वृद्धि,
पूर्ण आकर्षण जीवन केन्द्र खिंची आवेगी सकल समृद्धि।

देव-असफलताओं का ध्वंस प्रचुर उपकरण जुटाकर आज,
पड़ा है बन मानव-सम्पत्ति पूर्ण हो मन का चेतन राज।
चेतना का सुन्दर इतिहास अखिल मानव भावों का सत्य,
विश्व के हृदय-पटल पर दिव्य अक्षरों से अंकित हो नित्य।

विधाता की कल्याणी सृष्टि सफल हो इस भूतल पर पूर्ण,
पटें सागर, बिखरें ग्रह-पुंज और ज्वालामुखियाँ हों चूर्ण।
उन्हें चिंगारी सदृश सदर्प कुचलती रहे खड़ी सानन्द,
आज से मानवता की कीर्ति अनिल, भू, जल में रहे न बन्द।

जलधि में फूटें कितने उत्स द्वीपर, कच्छप डूबें-उतराएँ।
किन्तु वह खड़ी रहे दृढ़ मूर्ति अभ्युदय का कर रही उपाय।
विश्व की दुर्बलता बल बने, पराजय का बढ़ता व्यापार
हँसाता रहे उसे सविलास शक्ति का क्रीड़ामय संचार।

शक्ति के विद्युत्कण जो व्यस्त विकल बिखरे हैं, हो निरुपाय,
समन्वय उसका करें समस्त विजयिनी मानवता हो जाय।

सूर्यकान्त त्रिपाठी 'निराला'

पं. सूर्यकान्त त्रिपाठी 'निराला' का जन्म बंगाल के महिषादल राज्य के अन्तर्गत मेदिनीपुर जनपद में वसन्त पंचमी के दिन 1896 ई. में हुआ था। इनके पिता पं. रामसहाय त्रिपाठी नौकरी के लिए यहाँ आ बसे थे। इनके पूर्वज उत्तर प्रदेश के उन्नाव जनपद के गढ़ाकोला गाँव के निवासी थे। इनके बचपन का नाम सूर्यकुमार था। यह अपने पिता के इकलौते पुत्र थे।

चौदह वर्ष की अल्प आयु में निराला का विवाह मनोहरा देवी के साथ सम्पन्न हो गया था। लेकिन 1918 ई. में इनकी पत्नी का देहान्त हो गया। तब निराला 22 साल के थे। बताया जाता है कि मनोहरा देवी एक सुशिक्षित तथा विदुषी महिला थीं। निराला को एक पुत्र और एक पुत्री थी।

निराला का जीवन अनेक अभावों एवं विपत्तियों का जमावड़ा था। इनका व्यक्तित्व करुणा और क्रोध, आत्मसम्मान और विषण्णता, कठोरता और कोमलता, अक्खड़पन और सहजता जैसे विरोधी तत्त्वों के मिश्रण से बना था। इनका शारीरिक गठन अत्यन्त आकर्षक एवं सुगठित था। कद छह फुट से अधिक, भरा हुआ शरीर, गेहुँआ रंग, बुलन्द आवाज और आँखों में अपेक्षित गाम्भीर्य। बढ़िया-महीन धोती, कन्धे पर रेशमी चादर, बालों में सुगन्धित तेल डालकर और हाथ में छड़ी लेकर ये कवि-सम्मेलनों में जाया करते थे।

निराला की प्रथम कविता 'जूही की कली' (1916 ई.) छायावाद की कुछ श्रेष्ठतम कविताओं में परिगणित की जाती है। सन् 1916 ई. से 1958 ई. तक निराला निरन्तर काव्यसाधना में तल्लीन रहे। इनकी कविता के विषयों में पर्याप्त विविधता है। शृंगार, प्रेम, रहस्यवाद, राष्ट्रप्रेम और प्रकृति-वर्णन के अतिरिक्त शोषण के विरुद्ध विद्रोह तथा मानव के प्रति सहानुभूति का स्वर इनके काव्य में पाया जाता है। निराला अकुंठ एवं वयस्क शृंगार-दृष्टि तथा तृप्ति के कवि हैं। वसन्त ऋतु निराला की प्रिय ऋतु है, पर वसन्त से भी अधिक गीत और मुक्तक वर्षा पर इन्होंने लिखे हैं। निराला दार्शनिक कवि भी हैं और भक्त कवि भी। मृत्यु और विषाद पर इनकी बहुत-सी कविताएँ हैं। इनके अनेक विनय के पद भी हैं।

निराला की प्रतिभा बहुमुखी थी। कविता के अतिरिक्त इन्होंने उपन्यास, कहानियाँ, निबन्ध, आलोचना और संस्मरण भी लिखे हैं। इनके कुछ अनुवाद-कार्य भी हैं। इन्होंने 'समन्वय' तथा 'मतवाला' पत्रों का सम्पादन भी किया।

भावों की विविधता के साथ-साथ निराला की कविता में भाषा एवं शैली की विविधता भी पाई जाती है। हिन्दी कविता में मुक्त छन्द का प्रवर्तन करने का श्रेय निराला को है। इनकी अधिकांश रचनाओं की भाषा संस्कृतगर्भित है। कुछ कविताएँ बोलचाल की भाषा में भी हैं। इनकी भाषा में ओज एवं प्रसादगुण का आधिक्य है। इनके काव्य में छायावाद, रहस्यवाद और प्रगतिवाद तीनों के दर्शन होते हैं। निराला की मृत्यु 15 अक्टूबर, 1961 ई. को प्रयाग में हुई।

प्रकाशित साहित्य

काव्य : 'अनामिका', 'परिमल', 'गीतिका', 'तुलसीदास', 'कुकुरमुत्ता', 'अणिमा', 'बेला', 'नए पत्ते', 'अर्चना', 'आराधना', 'गीत गुंज', 'सान्ध्य काकली'।

उपन्यास : 'अप्सरा', 'अलका', 'प्रभावती', 'निरुपमा', 'उच्छृंखल', 'चोटी की पकड़', 'काले कारनामे'।

कहानी : 'चतुरी चमार', 'सुकुल की बीवी', 'लिली'।

निबन्ध : 'चाबुक', 'प्रबन्ध-पद्म', 'प्रबन्ध-प्रतिमा', 'प्रबन्ध-परिचय'।

रेखाचित्र : 'बिल्लेसुर बकरिहा' तथा 'कुल्ली भाट'।

आलोचना : 'पन्त और पल्लव', 'रवीन्द्र कविता कानन'।

नाटक : 'शकुन्तला'।

जीवनी : 'राणा प्रताप', 'प्रह्लाद', 'भीम', 'ध्रुव'।

अनुवाद : 'महाभारत', 'श्रीरामकृष्णवचनामृत', 'विवेकानन्द के भाषण', 'देवी चौधरानी', 'कृष्णकान्त का बिल', 'आनन्दमठ', 'बालकांड-रामचरितमानस'।

राम की शक्ति-पूजा

रवि हुआ अस्त : ज्योति के पत्र पर लिखा अमर
रह गया राम-रावण का अपराजेय समर
आज का, तीक्ष्ण-शर-विधृत-क्षिप्र-कर, वेग-प्रखर,
शतशेलसंवरणशील, नीलनभ - गर्ज्जित - स्वर
प्रतिपल - परिवर्तित - व्यूह—भेद - कौशल-समूह,—
राक्षस-विरुद्ध प्रत्यूह, —क्रुद्ध-कपि-विषम-हूह,
विच्छुरितवह्नि - राजीवनयन - हत - लक्ष्य - बाण,
लोहितलोचन—रावण - मदमोचन - महीयान,
राघव - लाघव—रावण-वारण—गत - युग्म - प्रहर,
उद्धत - लंकापति- मर्द्दित - कपि-दल-बल - विस्तर,
अनिमेष-राम—विश्वजिद्दिव्य-शर - भङ्ग - भाव,—
विद्धाङ्ग—बद्ध-कोदंड - मुष्टि—खर-रुधिर-स्राव,
रावण - प्रहार - दुर्वार - विकल - वानर दल -बल,—
मूर्च्छित-सुग्रीवाङ्गद -भीषण-गवाक्ष - गय-नल,—
वारित - सौमित्र-भल्लपति—अगणित-मल्ल-रोध,
गर्ज्जित - प्रलयाब्धि-क्षुब्ध - हनुमत्-केवल-प्रबोध,
उद्गीरित - वह्नि-भीम - पर्वत-कपि-चतु: प्रहर,—
जानकी-भीरु - उर - आशाभर,—रावण - सम्वर।

लौटे युग - दल। राक्षस - पदतल पृथ्वी टलमल,
बिंध महोल्लास से बार - बार आकाश विकल।
बानर-वाहिनी खिन्न, लख निज-पति-चरण-चिह्न
चल रही शिविर की ओर स्थविर-दल ज्यों विभिन्न;
प्रशमित है वातावरण, नमित-मुख सान्ध्य कमल
लक्ष्मण चिन्ता - पल, पीछे वानर-वीर सकल;
रघुनायक आगे अवनी पर नवनीत-चरण,

श्लथ धनु-गुण है, कटिबन्ध स्रस्त—तूणीर-धरण,
दृढ़ जटा-मुकुट हो विपर्यस्त प्रतिलट से खुल
फैला पृष्ठ पर, बाहुओं पर, वक्ष पर, विपुल
उतरा ज्यों दुर्गम पर्वत पर नैशान्धकार,
चमकतीं दूर ताराएँ ज्यों हो कहीं पार।

आए सब शिविर, सानु पर पर्वत के, मन्थर,
सुग्रीव, विभीषण, जाम्बवान आदिक वानर,
सेनापति दल-विशेष के, अंगद, हनूमान
नल, नील, गवाक्ष, प्रात के रण का समाधान
करने के लिए, फेर वानर-दल आश्रय-स्थल।
बैठे रघु-कुल-मणि श्वेत शिला पर; निर्मल जल
ले आए कर-पद-क्षालनार्थ पटु हनूमान;
अन्य वीर सर के गये तीर सन्ध्या-विधान—
वन्दना ईश की करने को, लौटे सत्वर,
सब घेर राम को बैठे आज्ञा को तत्पर;
पीछे लक्ष्मण, सामने विभीषण, भल्लधीर,
सुग्रीव, प्रान्त पर पाद-पद्म के, महावीर;
यूथपति अन्य जो, यथास्थान, हो निर्निमेष
देखते राम का जित-सरोज-मुख-श्याम-देश।

है अमानिशा; उगलता गगन घन अन्धकार;
खो रहा दिशा का ज्ञान; स्तब्ध है पवन-चार;
अप्रतिहत गरज रहा पीछे अम्बुधि विशाल;
भूधर ज्यों ध्यान-मग्न; केवल जलती मशाल।
स्थिर राघवेन्द्र को हिला रहा फिर-फिर संशय,
रह-रह उठता जग जीवन में रावण-जय-भय;
जो नहीं हुआ आज तक हृदय रिपु-दम्य—श्रान्त,—
एक भी, अयुत-लक्ष में रहा जो दुराक्रान्त,
कल लड़ने को हो रहा विकल वह बार-बार,
असमर्थ मानता मन उद्यत हो हार - हार;
ऐसे क्षण अन्धकार घन में जैसे विद्युत
जागी पृथ्वी - तनया - कुमारिका - छवि, अच्युत

देखते हुए निष्पलक, याद आया उपवन
विदेह का, —प्रथम स्नेह का लतान्तराल मिलन
नयनों का—नयनों से गोपन-प्रिय सम्भाषण,—
पलकों का नव पलकों पर प्रथमोत्थान - पतन,—
काँपते हुए किसलय,—झरते पराग—समुदय,—
गाते खग-नव-जीवन-परिचय—तरु मलय-वलय,—
ज्योति : प्रपात स्वर्गीय,—ज्ञात छवि प्रथम स्वीय,—
जानकी - नयन - कमनीय प्रथम कम्पन तुरीय।
सिहरा तन, क्षण-भर भूला मन, लहरा समस्त,
हर धनुर्भंग को पुनर्वार ज्यों उठा हस्त,
फूटी स्मिति सीता-ध्यान-लीन राम के अधर,
फिर विश्व - विजय -भावना हृदय में आई भर,
वे आए याद दिव्य शर अगणित मंत्रपूत,—
फड़का पर नभ को उड़े सकल ज्यों देवदूत,
देखते राम, जल रहे शलभ ज्यों रजनीचर,
ताड़का, सुबाहु, विराध, शिरस्त्रय, दूषण, खर;
फिर देखी भीमा मूर्ति आज रण देखी जो
आच्छादित किये हुए सम्मुख समग्र नभ को,
ज्योतिर्मय अस्त्र सकल बुझ-बुझकर हुए क्षीण,
पा महानिलय उस तन में क्षण में हुए लीन;
लख शंकाकुल हो गये अतुल-बल शेष-शयन,—
खिंच गये दृगों में सीता के राममय नयन;
फिर सुना—हँस रहा अट्टहास रावण खलखल,
भावित नयनों से सजल गिरे दो मुक्ता-दल।

बैठे मारुति देखते राम - चरणारविन्द—
युग 'अस्ति-नास्ति' के एक-रूप, गुण-गण-अनिंद्य;
साधना-मध्य भी साम्य—वाम-कर दक्षिण-पद,
दक्षिण-कर-तल पर वाम चरण, कपिवर गद्गद
पा सत्य, सच्चिदानन्दरूप, विश्राम - धाम,
जपते सभक्ति अजपा विभक्त हो राम - नाम।
युग चरणों पर आ पड़े अस्तु वे अश्रु युगल,
देखा कपि ने, चमके नभ में ज्यों तारादल;—
ये नहीं चरण राम के, बने श्यामा के शुभ,—

सोहते मध्य में हीरक युग या दो कौस्तुभ;
टूटा वह तार ध्यान का, स्थिर मन हुआ विकल,
सन्दिग्ध भाव की उठी दृष्टि, देखा अविकल
बैठे वे वही कमल-लोचन, पर सजल नयन,
व्याकुल-व्याकुल कुछ चिर-प्रफुल्ल मुख, निश्चेतन।
'ये अश्रु राम के' आते ही मन में विचार,
उद्वेल हो उठा शक्ति - खेल -सागर अपार,
हो श्वसित पवन - उनचास, पिता-पक्ष से तुमुल
एकत्र वक्ष पर बहा वाष्प को उड़ा अतुल,
शत घूर्णावर्त, तरंग - भंग उठते पहाड़,
जल राशि - राशि जल पर चढ़ता खाता पछाड़,
तोड़ता बन्ध-प्रतिसन्ध धरा, हो स्फीत-वक्ष
दिग्विजय-अर्थ प्रतिपल समर्थ बढ़ता समक्ष।
शत-वायु-वेग-बल, डुबा अतल में देश - भाव,
जलराशि विपल मथ मिला अनिल में महाराव
वज्रांग तेजघन बना पवन को, महाकाश
पहुँचा, एकादशरुद्र क्षुब्ध कर अट्टहास।
रावण - महिमा श्यामा विभावरी अन्धकार,
यह रुद्र राम - पूजन - प्रताप तेज:प्रसार;
उस ओर शक्ति शिव की जो दशस्कन्ध-पूजित,
इस ओर रुद्र-वन्दन जो रघुनन्दन-कूजित;
करने को ग्रस्त समस्त व्योम कपि बढ़ा अटल,
लख महानाश शिव अचल हुए क्षण-भर चंचल,
श्यामा के पदतल भारधरण हर मन्द्रस्वर
बोले—'सम्बरो देवि, निज तेज, नहीं वानर
यह,—नहीं हुआ श्रृंगार-युग्म-गत, महावीर,
अर्चना राम की मूर्तिमान अक्षय - शरीर,
चिर - ब्रह्मचर्य - रत, ये एकादश रुद्र धन्य,
मर्यादा - पुरुषोत्तम के सर्वोत्तम, अनन्य,
लीलासहचर, दिव्यभावधर, इन पर प्रहार
करने पर होगी देवि, तुम्हारी विषम हार;
विद्या का ले आश्रय इस मन को दो प्रबोध,
झुक जायेगा कपि, निश्चय होगा दूर रोध।'

कह हुए मौन शिव; पवन-तनय में भर विस्मय
सहसा नभ में अंजना-रूप का हुआ उदय;
बोली माता—'तुमने रवि को जब लिया निगल
तब नहीं बोध था तुम्हें, रहे बालक केवल;
यह वही भाव कर रहा तुम्हें व्याकुल रह-रह,
यह लज्जा की है बात कि माँ रहती सह-सह;
यह महाकाश, है जहाँ वास शिव का निर्मल—
पूजते जिन्हें श्रीराम, उसे ग्रसने को चल
क्या नहीं कर रहे तुम अनर्थ ?—सोचो मन में;
क्या दी आज्ञा ऐसी कुछ श्रीरघुनन्दन ने?
तुम सेवक हो, छोड़कर धर्म कर रहे कार्य—
क्या असम्भाव्य हो यह राघव के लिए धार्य?'
कपि हुए नम्र, क्षण में माताछवि हुई लीन,
उतरे धीरे-धीरे, गह प्रभु-पद हुए दीन।

राम का विषण्णानन देखते हुए कुछ क्षण,
'हे सखा,' विभीषण बोले, "आज प्रसन्न वदन
वह नहीं, देखकर जिसे समग्र वीर वानर—
भल्लूक विगत-श्रम हो पाते जीवन-निर्जर;
रघुवीर, तीर सब वही तूण में हैं रक्षित,
है वही वक्ष, रण-कुशल हस्त, बल वही अमित;
हैं वही सुमित्रानन्दन मेघनाद-जित-रण,
हैं वही भल्लपति, वानरेन्द्र सुग्रीव प्रमन,
तारा-कुमार भी वही महाबल श्वेत धीर,
अप्रतिभट वही, एक—अर्बुद-सम, महावीर,
है वही दक्ष सेना-नायक, है वही समर,
फिर कैसे असमय हुआ उदय यह भाव-प्रहर?
रघुकुल गौरव, लघु हुए जा रहे तुम इस क्षण,
तुम फेर रहे हो पीठ हो रहा जब जय रण!
कितना श्रम हुआ व्यर्थ! आया जब मिलन-समय,
तुम खींच रहे हो हस्त जानकी से निर्दय!
रावण, रावण, लम्पट, खल, कल्मष-गताचार,
जिसने हित कहते किया मुझे पाद-प्रहार,
बैठा वैभव में देगा दुख सीता को फिर,—

कहता रण की जय-कथा पारिषद-दल से घिर;—
सुनता वसन्त में उपवन में कल-कूजित पिक
मैं बना किन्तु लंकापति, धिक्, राघव, धिक्-धिक्!'
सब सभा रही निस्तब्ध : राम के स्तिमित नयन
छोड़ते हुए, शीतल प्रकाश देखते विमन
जैसे ओजस्वी शब्दों का जो था प्रभाव
उससे न इन्हें कुछ चाव, न हो कोई दुराव;
ज्यों हों वे शब्द मात्र,—मैत्री की समनुरक्ति,
पर जहाँ गहन भाव के ग्रहण की नहीं शक्ति।
कुछ क्षण तक रहकर मौन महज निज कोमल स्वर
बोले रघुमणि—'मित्रवर, विजय होगी न समर;
यही नहीं रहा नर-वानर का राक्षस से रण,
उतरीं पा महाशक्ति रावण से आमंत्रण;
अन्याय जिधर, हैं उधर शक्ति!' कहते छल-छल
हो गये नयन, कुछ बूँद पुन: ढलके दृगजल,
रुक गया कंठ, चमका लक्ष्मण-तेज: प्रचंड,
धँस गया धरा में कपि गह युग पद मसक दंड,
स्थिर जाम्बवान,—समझते हुए ज्यों सकल भाव,
व्याकुल सुग्रीव,—हुआ उर में ज्यों विषम घाव,
निश्चित-सा करते हुए विभीषण कार्यक्रम,
मौन में रहा यों स्पन्दित वातावरण विषम।

निज सहज रूप में संयत हो जानकी-प्राण
बोले—'आया न समझ में यह दैवी विधान;
रावण, अधर्मरत भी, अपना, मैं हुआ अपर—
यह रहा शक्ति का खेल समर, शंकर, शंकर!
करता मैं योजित बार-बार शर-निकर निशित
हो सकती जिनसे यह संसृति सम्पूर्ण विजित,
जो तेज:पुंज, सृष्टि की रक्षा का विचार
है जिनमें निहित पतनघातक संस्कृति अपार—
शत-शुद्धि-बोध—सूक्ष्मातिसूक्ष्म मन का विवेक,
जिनमें है क्षात्रधर्म का धृत पूर्णाभिषेक,
जो हुए प्रजापतियों से संयम से रक्षित,
वे शर हो गये आज रण में श्रीहत, खंडित!

देखा, है महाशक्ति रावण को लिये अंक,
लांछन को ले जैसे शशांक नभ में अशंक
हत मंत्रपूत शर, संवृत करतीं बार-बार,
निष्फल होते लक्ष्य पर क्षिप्र वार पर वार!
विचलित लख कपिदल, क्रुद्ध युद्ध को मैं ज्यों-ज्यों,
झक-झक झलकती वह्नि वामा के दृग त्यों-त्यों;
पश्चात् देखने लगीं मुझे, बँध गये हस्त,
फिर खिंचा न धनु, मुक्त ज्यों बँधा मैं हुआ त्रस्त!
कह हुए भानुकुलभूषण वहाँ मौन क्षण-भर,
बोले विश्वस्त कंठ से जाम्बवान—'रघुवर,
विचलित होने का नहीं देखता मैं कारण,
हे पुरुष-सिंह, तुम भी यह शक्ति करो धारण,
आराधन का दृढ़ आराधन से दो उत्तर,
तुम वरो विजय संयत प्राणों से प्राणों पर;
रावण अशुद्ध होकर भी यदि कर सका त्रस्त
तो निश्चय तुम हो सिद्ध करोगे उसे ध्वस्त;
शक्ति की करो मौलिक कल्पना, करो पूजन,
छोड़ दो समर जब तक न सिद्धि हो, रघुनन्दन!
तब तक लक्ष्मण हैं महावाहिनी के नायक
मध्य भाग में, अंगद दक्षिण—श्वेत सहायक,
मैं भल्ल-सैन्य; हैं वाम पार्श्व में हनूमान,
नल, नील और छोटे कपिगण—उनके प्रधान;
सुग्रीव, विभीषण, अन्य यूथपति यथासमय
आएँगे रक्षाहेतु जहाँ भी होगा भय।'

खिल गई सभा। 'उत्तम निश्चय यह, भल्लनाथ!'
कह दिया वृद्ध को मान राम ने झुका माथ।
हो गये ध्यान में लीन पुन: करते विचार,
देखते सकल—तन पुलकित होता बार-बार।
कुछ समय अनन्तर इन्दीवर निन्दित लोचन
खुल गये, रहा निष्पलक भाव में मज्जित मन।
बोले आवेग-रहित स्वर से विश्वास-स्थित—
'मात:, दशभुजा, विश्व-ज्योति:, मैं हूँ आश्रित;
हो विद्ध शक्ति से है खल महिषासुर मर्दित,

जनरंजन-चरण-कमल-तल, धन्य सिंह गर्ज्जित!
यह, यह मेरा प्रतीक, मात:, समझा इंगित;
मैं सिंह, इसी भाव से करूँगा अभिनन्दित।'
कुछ समय स्तब्ध हो रहे राम छवि में निमग्न,
फिर खोले पलक कमल-ज्योतिर्दल ध्यान-लग्न;
हैं देख रहे मंत्री, सेनापति, वीरासन
बैठे उमड़ते हुए, राघव का स्मित आनन।
बोले भावस्थ चन्द्र-मुख-निन्दित रामचन्द्र,
प्राणों में पावन कम्पन भर, स्वर मेघमन्द्र—
'देखो, बन्धुवर, सामने स्थित जो यह भूधर
शोभित शत-हरित-गुल्म-तृण से श्यामल सुन्दर,
पार्वती कल्पना हैं इसकी, मकरन्द - विन्दु;
गरजता चरण-प्रान्त पर सिंह वह, नहीं सिन्धु;
दशदिक - समस्त हैं हस्त, और देखो ऊपर,
अम्बर में हुए दिगम्बर अर्चित शशि-शेखर;
लख महाभाव - मंगल पदतल धँस रहा गर्व—
मानव के मन का असुर मन्द, हो रहा खर्व।'
फिर मधुर दृष्टि से प्रिय कपि को खींचते हुए
बोले प्रियतर स्वर से अन्तर सींचते हुए—
'चाहिए हमें एक सौ आठ, कपि, इन्दीवर,
कम-से-कम, अधिक और हों, अधिक और सुन्दर,
जाओ देवीदह, उष:काल होते सत्वर,
तोड़ो, लाओ वे कमल, लौटकर लड़ो समर।'
अवगत हो जाम्बवान से पथ, दूरत्व, स्थान,
प्रभु - पद - रज सिर धर चले हर्ष भर हनूमान।
राघव ने विदा किया सबको जानकर समय
सब चले सदय राम की सोचते हुए विजय।

निशि हुई विगत : नभ के ललाट पर प्रथम किरण
फूटी, रघुनन्दन के दृग महिमा - ज्योति - हिरण;
है नहीं शरासन आज हस्त-तूणीर स्कन्ध,
वह नहीं सोहता निविड़-जटा-दृढ़ मुकुट-बन्ध;
सुन पड़ता सिंहनाद,—रण-कोलाहल अपार,
उमड़ता नहीं मन, स्तब्ध सुधी हैं ध्यान धार;

पूजोपरान्त जपते दुर्गा, दशभुजा नाम,
मन करते हुए मनन नामों के गुणग्राम;
बीता वह दिवस, हुआ मन स्थिर इष्ट के चरण,
गहन से गहनतर होने लगा समाराधन।
क्रम-क्रम से हुए पार राघव के पंच दिवस,
चक्र से चक्र मन चढ़ता गया ऊर्ध्व निरलस;
कर-जप पूरा कर एक चढ़ाते इन्दीवर,
निज पुरश्चरण इस भाँति रहे हैं पूरा कर।
चढ़ षष्ठ दिवस आज्ञा पर हुआ समाहित मन,
प्रति जप से खिंच-खिंच होने लगा महाकर्षण;
संचित त्रिकुटी पर ध्यान द्विदल देवी-पद पर,
जप के स्वर लगा काँपने थर-थर-थर अम्बर;
दो दिन निष्पन्द एक आसन पर रहे राम,
अर्पित करते इन्दीवर, जपते हुए नाम;
आठवाँ दिवस, मन ध्यान-युक्त चढ़ता ऊपर
कर गया अतिक्रम ब्रह्मा-हरि-शंकर का स्तर,
हो गया विजित ब्रह्मांड पूर्ण, देवता स्तब्ध,
हो गये दग्ध जीवन के तप के समारब्ध,
रह गया एक इन्दीवर, मन देखता—पार
प्राय: करने को हुआ दुर्ग जो सहस्रार,
द्विप्रहर रात्रि, साकार हुईं दुर्गा छिपकर,
हँस उठा ले गईं पूजा का प्रिय इन्दीवर।
यह अन्तिम जप, ध्यान में देखते चरण युगल
राम ने बढ़ाया कर लेने को नील कमल;
कुछ लगा न हाथ, हुआ सहसा स्थिर मन चंचल
ध्यान की भूमि से उतरे, खोले पलक विमल,
देखा, वह रिक्त स्थान, यह जप का पूर्ण समय
आसन छोड़ना असिद्धि, भर गये नयनद्वय—
'धिक् जीवन को जो पाता ही आया विरोध,
धिक् साधन, जिसके लिए सदा ही किया शोध!
जानकी! हाय, उद्धार प्रिया का न हो सका।'
वह एक और मन रहा राम का जो न थका;
जो नहीं जानता दैन्य, नहीं जानता विनय
कर गया भेद वह मायावरण प्राप्त कर जय,

बुद्धि के दुर्ग पहुँचा विद्युत - गति, हतचेतन
राम में जगी स्मृति, हुए सजग पा भाव प्रमन।
'यह है उपाय' कह उठे राम ज्यों मन्द्रित घन—
'कहती थीं माता मुझे सदा राजीवनयन!
दो नील कमल हैं शेष अभी, यह पुरश्चरण
पूरा करता हूँ देकर मात: एक नयन।'
कहकर देखा तूणीर ब्रह्मशर रहा झलक,
ले लिया हस्त, लक-लक करता वह महाफलक;
ले अस्त्र वाम कर, दक्षिण कर दक्षिण लोचन
ले अर्पित करने को उद्यत हो गये सुमन।
जिस क्षण बँध गया बेधने को दृग दृढ़ निश्चय,
काँपा ब्रह्मांड, हुआ देवी का त्वरित उदय—

'साधु, साधु, साधक धीर, धर्म-धन धन्य राम!'
कह लिया भगवती ने राघव का हस्त थाम।
देखा राम ने—सामने श्री दुर्गा, भास्वर
वाम पद असुर-स्कन्ध पर, रहा दक्षिण हरि पर;
ज्योतिर्मय रूप, हस्त दश विविध-अस्त्र-सज्जित,
मन्द स्मित मुख, लख हुई विश्व की श्री लज्जित,
हैं दक्षिण में लक्ष्मी, सरस्वती वाम भाग,
दक्षिण गणेश, कार्तिक बाएँ रण - रंग राग,
मस्तक पर शंकर। पदपद्मों पर श्रद्धाभर
श्री राघव हुए प्रणत मन्दस्वर वन्दन कर।
'होगी जय, होगी जय, हे पुरुषोत्तम नवीन!'
कह महाशक्ति राम के बदन में हुई लीन।

गजानन माधव मुक्तिबोध

गजानन माधव मुक्तिबोध का जन्म 13 नवम्बर, 1917 को ग्वालियर के एक कस्बे श्योपुर में हुआ था। इनके पिता माधव मुक्तिबोध पुलिस सब-इन्स्पेक्टर थे। मुक्तिबोध की माँ बुन्देलखंड के ईसागढ़ की एक शिक्षित महिला थीं। इनके घर की भाषा मराठी थी। इनकी प्रारम्भिक शिक्षा उज्जैन में हुई थी। सन् 1938 ई. में मुक्तिबोध ने इन्दौर के होलकर कॉलेज से बी.ए. किया। तदुपरान्त इन्होंने उज्जैन के मॉडर्न स्कूल में अध्यापक की नौकरी कर ली। फिर तो ये नौकरियाँ पकड़ते-छोड़ते रहे। सन् 1954 ई. में इन्होंने नागपुर विश्वविद्यालय से हिन्दी में एम.ए. किया, जिसके फलस्वरूप इन्हें राजनांदगाँव के दिग्विजय कॉलेज में नौकरी मिल गई।

मुक्तिबोध अध्यापक, पत्रकार, कवि, कथाकार और समीक्षक सभी थे। इनकी कविता में संघर्ष, घुटन, टूटन और खालीपन की अभिव्यक्ति है। इनका लेखन 1935 ई. से आरम्भ होता है। मुक्तिबोध सप्तक के कवि थे, पर इनकी लम्बी कविताओं ने बहुत कम लोगों का ध्यान आकृष्ट किया था। यह दुखद है कि मरणासन्न स्थिति में इनका प्रथम काव्य-संकलन 'चाँद का मुँह टेढ़ा है' 1964 ई. में आकर छपा। 'चाँद का मुँह टेढ़ा है' और 'भूरी भूरी खाक धूल' इनकी कविताओं के संकलन हैं। दहशत, त्रास, खौफ, अकेलापन, आस्था-अनास्था, शंका-विश्वास, अकुलाहट, सादगी, तनाव के विविध स्वर इनकी रचनाओं में विद्यमान हैं। सचमुच मुक्तिबोध जिन्दगी के एक-एक संघर्ष और तनाव को एक बार जीवन में जीते थे और दुबारा अपनी कविताओं में। मुक्तिबोध नई कविता के सबसे ईमानदार कवि हैं। प्रखर राजनीतिक समझ, नया काव्य-मुहावरा तथा फैंटेसी की तकनीक को अपनाकर इन्होंने हिन्दी की नई कविता को एक नवीन सर्जनात्मक दिशा दी है। मुक्तिबोध प्रधानतः कवि थे, किन्तु इन्होंने पंत, त्रिलोचन, शमशेर, दिनकर की 'उर्वशी' आदि पर मौलिक विचार प्रस्तुत करके अपनी आलोचनात्मक प्रतिभा का परिचय दिया है। 'कामायनी : एक पुनर्विचार' इनकी महत्त्वपूर्ण आलोचनात्मक कृति है। 'कामायनी' की आलोचना-प्रक्रिया में मुक्तिबोध का प्रमुख प्रदेय उसे 'फैंटेसी' के रूप में व्याख्यायित करना है। 'नई कविता का आत्मसंघर्ष', 'नये साहित्य का सौन्दर्यशास्त्र' तथा 'एक साहित्यिक की डायरी' समालोचना से जुड़े इनके प्रामाणिक ग्रंथ हैं।

मुक्तिबोध की कहानियों का संसार इनकी कविताओं के संसार का ही अंग है। कविताओं की तरह इनकी कहानियों का विन्यास भी रूपकात्मक है। 'काठ का सपना' तथा 'सतह से उठता आदमी' इनकी कहानियों के दो संग्रह हैं। 'विपात्रा' नामक एक उपन्यास भी इनका प्रकाशित है।

मुक्तिबोध की अनेक रचनाओं का काव्यरूप फैंटेसी है। 'अँधेरे में', और 'ब्रह्मराक्षस' कविताएँ इस दृष्टि से अत्यधिक उल्लेखनीय हैं। इनकी काव्यकला बिम्बों, प्रतीकों एवं फैंटेसियों के सघन आवरण से घिरी हुई है, पर स्वयं इनका जीवन अत्यंत निष्कपट एवं निश्छल था। ये जब तक जीवित रहे, संघर्ष करते रहे।

इनकी प्रमुख रचनाएँ निम्नलिखित हैं :

काव्य : 'चाँद का मुँह टेढ़ा है', 'भूरी-भूरी खाक धूल'।

आलोचना : 'कामायनी : एक पुनर्विचार', 'भारत : इतिहास और संस्कृति', 'नई कविता का आत्मसंघर्ष तथा अन्य निबन्ध', 'नये साहित्य का सौन्दर्यशास्त्र', 'एक साहित्यिक की डायरी'।

कथा साहित्य : 'काठ का सपना', 'विपात्रा', 'सतह से उठता आदमी'।

निधन : 11 सितम्बर, 1964 को नई दिल्ली में हुआ।

अँधेरे में

(1)

जिन्दगी के...
कमरों में अँधेरे
लगाता है चक्कर
कोई एक लगातार;
आवाज पैरों की देती है सुनाई
बार-बार...बार-बार,
वह नहीं दीखता...नहीं ही दीखता,
किन्तु, वह रहा घूम
तिलिस्मी खोह में गिरफ्तार कोई एक;
भीत-पार आती हुई पास से,
गहन रहस्यमय अन्धकार-ध्वनि-सा
अस्तित्व जनाता
अनिवार कोई एक,
और, मेरे हृदय की धक-धक
पूछती है—वह कौन
सुनाई जो देता, पर नहीं देता दिखाई!
इतने में अकस्मात् गिरते हैं भीत से
फूले हुए पलस्तर,
खिरती है चूनेभरी रेत
खिसकती हैं पपड़ियाँ इस तरह—
खुद-ब-खुद
कोई बड़ा चेहरा बन जाता है,
स्वयमपि
मुख बन जाता है दीवाल पर,

नुकीली नाक और
भव्य ललाट है,
दृढ़ हनु;
कोई अनजानी अन-पहचानी आकृति।
कौन वह दिखाई जो देता, पर
नहीं जाना जाता!!
कौन मनु?

बाहर शहर के, पहाड़ी के उस पार, तालाब...
सब तरफ अँधेरा,
प्रशान्त जल,
पर, भीतर से उभरती है सहसा
सलिल के तम-श्याम शीशे में कोई श्वेत आकृति
कुहरीला कोई बड़ा चेहरा फैल जाता है
और मुसकाता है,
पहचान बताता है;
किन्तु, मैं हतप्रभ,
नहीं वह समझ में आता।

अरे! अरे!!
तालाब के आस-पास, अँधेरे में वन-वृक्ष
चमक-चमक उठते हैं हरे-हरे, अचानक
वृक्षों के शीश पर नाच-नाच उठती हैं बिजलियाँ,
शाखाएँ, डालियाँ झूमकर झपटकर
चीख, एक-दूसरे पर पटकती हैं सिर कि अकस्मात्
वृक्षों के अँधेरे में छिपी हुई किसी एक
तिलिस्मी खोह का शिला-द्वार
खुलता है धड़ से
...
घुसती है लाल-लाल मशाल अजीब-सी,
अन्तराल-विवर के तम में
लाल-लाल कुहरा;
कुहरे में, सामने, रक्तालोक स्नात-पुरुष एक,
रहस्य साक्षात्!!

तेजोप्रभावमय उसका ललाट देख,
मेरे अंग-अंग में अजीब एक थर-थर।
गौरवर्ण, दीप्त-दृग, सौम्यमुख
सम्भावित स्नेह-सा प्रिय रूप देखकर
विलक्षण शंका,
भव्य आजानुभुज देखते ही साक्षात्
गहन एक सन्देह।

वह रहस्यमय व्यक्ति
अब तक न पाई गई मेरी अभिव्यक्ति है,
पूर्ण अवस्था वह
निज-सम्भावनाओं, निहित प्रभाओं, प्रतिभाओं की
मेरे परिपूर्ण का आविर्भाव,
हृदय में रिस रहे ज्ञान का तनाव वह,
आत्मा की प्रतिमा।

किन्तु, वह फटे हुए वस्त्र क्यों पहने है?
उसका स्वर्ण-वर्ण मुख मैला क्यों?
वक्ष पर इतना बड़ा घाव कैसे हो गया?
उसने कारावास-दुख झेला क्यों?
उसकी इतनी भयानक स्थिति क्यों है?
रोटी उसे कौन पहुँचाता है?
कौन पानी देता है?
फिर भी, उसके मुख पर स्मित क्यों है?
प्रचंड शक्तिमान क्यों दिखाई देता है?

प्रश्न थे गम्भीर, शायद खतरनाक भी,
इसीलिए बाहर के गुंजान
जंगलों से आती हुई हवा ने
फूँक मार एकाएक मशाल ही बुझा दी...
कि मुझको यों अँधेरे में पकड़कर
मौत की सजा दी!
किसी काले 'डैश' की घनी काली पट्टी ही
आँखों पर बँध गई,
किसी खड़ी पाई की सूली पर मैं टाँग दिया गया,

किसी शून्य बिन्दु के अँधियारे खड्डे में
गिरा दिया गया मैं
अचेतन स्थिति में!

(2)

सूनापन सिहरा
अँधेरे में ध्वनियों के बुलबुले उभरे,
शून्य के मुख पर सलवटें स्वर की,
मेरे ही उर पर, धँसाती हुई सिर,
छटपटा रही हैं शब्दों की लहरें
मीठी हैं दु:सह!!
अरे, हाँ, साँकल ही रह-रह
बजती है द्वार पर।
कोई मेरी बात मुझे बताने के लिए ही
बुलाता है, बुलाता है (हृदय को सहला
मानो किसी जटिल प्रसंग में सहसा
होंठों पर होंठ रख, कोई सच-सच बात
सीधे-सीधे कहने को तड़प जाए, और फिर
वही बात सुनकर धँस जाए मेरा जी...
इस तरह, साँकल ही रह-रह, बजती है द्वार पर)

आधी रात, इतने अँधेरे में, कौन आया मिलने?
विमन प्रतीक्षातुर कुहरे में घिरा हुआ
द्युतिमय मुख—वह प्रेमभरा चेहरा—
भोला-भाला भाव—
पहचानता हूँ बाहर जो खड़ा है!!
यह वही व्यक्ति है, जी हाँ!
जो मुझे तिलिस्मी खोह में दिखा था।
अवसर-अनवसर
प्रकट जो होता ही रहता,
मेरी सुविधाओं का न तनिक खयाल कर।
चाहे जहाँ, चाहे जिस समय उपस्थित,
चाहे जिस रूप में
चाहे जिन प्रतीकों में प्रस्तुत;

इशारे से बताता है, समझाता रहता
हृदय को देता है बिजली के झटके!!
अरे, उसके चेहरे पर खिलती हैं सुबहें,
गालों पर चट्टानी चमक पठार की
आँखों में किरणीली शान्ति की लहरें,
उसे देख, प्यार उमड़ता है अनायास!
लगता है—दरवाजा खोलकर
बाँहों में कस लूँ,
हृदय में रख लूँ
घुल जाऊँ, मिल जाऊँ लिपटकर उससे।
परन्तु, भयानक खड्डे के अँधेरे में आहत
और क्षत-विक्षत, मैं पड़ा हुआ हूँ;
शक्ति ही नहीं है कि उठ सकूँ जरा भी
(यह भी तो सही है कि
कमजोरियों से ही मोह है मुझको)
इसीलिए, टालता हूँ उस मेरे प्रिय को
कतराता रहता,
डरता हूँ उससे।
वह बिठा देता है तुंग शिखर के
खतरनाक, खुरदरे कगार-तट पर;
शोचनीय स्थिति में ही छोड़ देता मुझको।
कहता है—'पार करो पर्वत-सन्धि के गह्वर,
रस्सी के पुल पर चलकर
दूर उस शिखर-कगार पर स्वयं ही पहुँचो।'
अरे भाई, मुझे नहीं चाहिए शिखरों की यात्रा,
मुझे डर लगता है ऊँचाइयों से;
बजने दो साँकल!!
उठने दो अँधेरे में ध्वनियों के बुलबुले,
वह जन...वैसे ही
आप चला जाएगा आया था जैसे।
खड्डे के अँधेरे में मैं पड़ा रहूँगा।
पीड़ाएँ समेट!!
क्या करूँ, क्या नहीं करूँ मुझे बताओ;
इस तम-शून्य में तैरती है जगत्-समीक्षा

की हुई उसकी
(सह नहीं सकता)
विवेक-विक्षोभ महान् उसका
तम-अन्तराल में (सह नहीं सकता)
अँधियारे मुझमें द्युति-आकृति-सा
भविष्य का नक्शा दिया हुआ उसका
सह नहीं सकता!
नहीं, नहीं, उसको मैं छोड़ नहीं सकूँगा
सहना पड़े मुझे चाहे जो भले ही।
कमजोर घुटनों को बार-बार मसल,
लड़खड़ाता हुआ मैं
उठता हूँ दरवाजा खोलने,
चेहरे के रक्तहीन विचित्र शून्य को गहरे
पोंछता हूँ हाथ से,
अँधेरे के ओर-छोर टटोल-टटोलकर
बढ़ता हूँ आगे,
पैरों से महसूस करता हूँ धरती का फैलाव,
हाथों से महसूस करता हूँ दिशाएँ
साँसों से अनुभव करता हूँ दुनिया,
मस्तक अनुभव करता है आकाश,
दिल में तड़पता है अँधेरे का अन्दाज,
आँखें ये तथ्य को सूँघती-सी लगतीं,
केवल शक्ति है स्पर्श की गहरी।
आत्मा में, भीषण
सत्-चित-वेदना जल उठी, दहकी।
विचार हो गए विचरण-सहचर।
बढ़ता हूँ आगे,
चलता हूँ सँभल-सँभलकर,
द्वार टटोलता,
जंग-खाई, जमी हुई, जबरन
चिटखनी हिलाकर
जोर लगा, दरवाजा खोलता,
झाँकता हूँ बाहर...

सूनी है राह, अजीब है फैलाव,
सर्द अँधेरा।
ढीली आँखों से देखते हैं विश्व
उदास तारे।
हर बार सोच और हर बार अफसोस
हर बार फिक्र
के कारण बढ़े हुए दर्द का मानो कि दूर वहाँ, दूर वहाँ
अँधियारा पीपल देता है पहरा।
हवाओं की नि:संग लहरों में काँपती
कुत्तों की दूर-दूर अलग-अलग आवाज,
टकराती रहती सियारों की ध्वनि से।
काँपती हैं दूरियाँ, गूँजते हैं फासले
(बाहर कोई नहीं, कोई नहीं बाहर)

इतने में अँधियारे सूने में कोई चीख गया है
रात का पक्षी
कहता है—
'वह चला गया है,
वह नहीं आएगा, आएगा ही नहीं
अब तेरे द्वार पर।
वह निकल गया है गाँव में शहर में!
उसको तू खोज अब
उसका तू शोध कर!
वह तेरी पूर्णतम परम अभिव्यक्ति,
उसका तू शिष्य है (यद्यपि पलातक...)
वह तेरी गुरु है
गुरु है...'

(3)

समझ न पाया कि चल रहा स्वप्न या
        जागृति शुरू है।
दीया जल रहा है,
पीतालोक-प्रसार में काल गल रहा है,
आस-पास फैली हुई जग-आकृतियाँ

लगती हैं छपी हुई जड़ चित्र-कृतियाँ-सी
अलग व दूर-दूर
निर्जीव!!
यह सिविल लाइंस है। मैं अपने कमरे में
यहाँ पड़ा हुआ हूँ।
आँखें खुली हुई हैं,
पीटे गए बालक-सा मार खाया चेहरा
उदास इकहरा,
सलेट-पट्टी पर खींची गई तसवीर,
भूत-जैसी आकृति—
क्या वह मैं हूँ?
मैं हूँ?

रात के दो हैं,
दूर-दूर जंगल में सियारों का हो-हो,
पास-पास आती हुई घहराती गूँजती
किसी रेलगाड़ी के पहियों की आवाज!!
किसी अनपेक्षित
असम्भव घटना का भयानक सन्देह,
अचेतन प्रतीक्षा,
कहीं कोई रेल-एक्सीडेंट न हो जाए।
चिन्ता के गणित अंक
आसमानी सलेट-पट्टी पर चमकते
खिड़की से दीखते।
...
हाय! हाय! तॉल्सतॉय
कैसे मुझे दीख गए
सितारों के बीच-बीच
घूमते व रुकते
पृथ्वी को देखते।

शायद, तॉल्सतॉय-नुमा
कोई वह आदमी
और है,

मेरे किसी भीतरी धागे का आखिरी छोर वह,
अनलिखे मेरे उपन्यास का
केन्द्रीय संवेदन
दबी हाय-हाय-नुमा,
शायद, टॉल्सटॉय-नुमा।

प्रोसेशन?
निस्तब्ध नगर के मध्य-रात्रि-अँधेरे में सुनसान
किसी दूर बैंड की दबी हुई क्रमागत तान-धुन,
मन्द-तार उच्च-निम्न स्वर-स्वन
उदास-उदास ध्वनि-तरंगें हैं गम्भीर,
दीर्घ लहरियाँ!!

गैलरी में जाता हूँ, देखता हूँ रास्ता
वह कोलतार-पथ अथवा
मरी हुई खिंची हुई कोई काली जिह्वा
बिजली के द्युतिमान दिये या
मरे हुए दाँतों का चमकदार नमूना!!

किन्तु, दूर सड़क के उस छोर
शीतभरे थर्राते तारों के अँधियाले तल में
नील तेज-उद्भास
पास-पास पास-पास
आ रहा इस ओर!
दबी हुई गम्भीर स्वर-स्वप्न तरंगें,
उदास तान-धुन शत-ध्वनि-संगम-संगीत
समीप आ रहा!!

और, अब
गैसलाइट पाँतों की बिन्दुएँ छिटकीं
बीचोबीच उनके
साँवले जुलूस-सा क्या-कुछ दीखता!!

और अब
गैसलाइट निलाई में रँगे हुए अपार्थिव चेहरे,
बैंड-दल,
उनके पीछे काले-काले बलवान घोड़ों का जत्था
दीखता,
घना व डरावना अवचेतन ही
जुलूस में चलता।
क्या शोभा-यात्रा
किसी मृत्यु-दल की?

अजीब!!
दोनों ओर, नीली-गैसलाइट-पाँत
चल रही, चल रही।
नींद में खोए हुए शहर की गहन अवचेतना में
हलचल (पाताली तल में
चमकदार साँपों की उड़ती हुई लगातार
लकीरों की वारदात!!
सब सोए हुए हैं।
लेकिन, मैं जाग रहा, देख रहा
रोमांचकारी यह जादुई करामात!!)

विचित्र प्रोसेशन,
गम्भीर क्विक मार्च...
कलाबत्तूवाली काली जरीदार ड्रेस पहने
चमकदार बैंड-दल—
अस्थि-रूप, यकृत-स्वरूप, उदर-आकृति
आँतों के जालों-से उलझे हुए, बाजे वे दमकते हैं भयंकर
गम्भीर गीत-स्वप्न-तरंगें
ध्वनियों के आवर्त मँडराते पथ पर।
बैंड के लोगों के चेहरे
मिलते हैं मेरे देखे हुओं से,
लगता है उनमें कई प्रतिष्ठित पत्रकार
इसी नगर के!!
बड़े-बड़े नाम अरे, कैसे शामिल हो गए इस बैंड-दल में!!

उनके पीछे चल रहा
संगीन-नोकों का चमकता जंगल,
चल रही पदचाप, तालबद्ध दीर्घ पाँत
टैंक-दल, मोर्टार, आर्टिलरी, सन्नद्ध,
धीरे-धीरे बढ़ रहा जुलूस भयावना,
सैनिकों के पथराए चेहरे
चिढ़े हुए, झुलसे हुए, बिगड़े हुए गहरे!
शायद, मैंने उन्हें पहले कहीं तो भी देखा था।
शायद, उनमें मेरे कई परिचित!!
उनके पीछे यह क्या!!
कैवलरी!!
काले-काले घोड़ों पर खाकी मिलिट्री ड्रेस,
चेहरे का आधा भाग सिन्दूरी-गेरुआ
आधा भाग कोलतारी भैरव,
भयानक!!
हाथों में चमचमाती सीधी खड़ी तलवार
आबदार!!
कन्धे से कमर तक कारतूसी बेल्ट है तिरछा।
कमर में, चमड़े के कवर में पिस्तौल,
रोषभरी एकाग्र दृष्टि में धार है,
कर्नल, ब्रिगेडियर, जनरल, मार्शल
कई और सेनापति सेनाध्यक्ष
चेहरे वे मेरे जाने-बूझे-से लगते,
उनके चित्र समाचार-पत्रों में छपे थे,
उनके लेख देखे थे,
यहाँ तक कि कविताएँ पढ़ी थीं
भई वाह!
उनमें कई प्रकांड आलोचक, विचारक, जगमगाते कविगण
मंत्री भी, उद्योगपति और विद्वान्
यहाँ तक कि शहर का हत्यारा कुख्यात
डोमाजी उस्ताद
बनता है बलबन
हाय, हाय!!
यहाँ ये दीखते हैं भूत-पिशाच-काय।

भीतर का राक्षसी-स्वार्थ अब
साफ उभर आया है,
छुपे हुए उद्देश्य
यहाँ निखर आए हैं,
यह शोभा-यात्रा है किसी मृत्यु-दल की।

(विचारों की फिरकी
सिर में है घूमती।)

इतने में प्रोसेशन में से कुछ मेरी ओर
आँखें उठीं रोषभर,
हृदय में मानो कि संगीन नोकें ही घुस पड़ीं बर्बर,
सड़क पर उठ खड़ा हो गया कोई शोर—
"मारो गोली, दागो स्साले को एकदम
दुनिया की नजरों से हटकर
छुपे तरीके से
हम जा रहे थे कि
आधी रात अँधेरे में उसने
देख लिया हमको
व जान गया वह सब
मार डालो, उसको खतम करो एकदम।"

रास्ते पर भाग-दौड़ धका-पेल!!
गैलरी से भागा मैं पसीने से सराबोर!!

एकाएक टूट गया स्वप्न व छिन्न-भिन्न
हो गए सब चित्र।

जागते में फिर से याद आने लगा वह स्वप्न,
फिर से याद आने लगे अँधेरे के चेहरे,
और, तब मुझे प्रतीत हुआ भयानक
गहन मृतात्माएँ इसी नगर की
हर रात जुलूस में चलतीं,
परन्तु, दिन में
बैठती हैं मिलकर करती हुई षड्यंत्र

विभिन्न दफ्तरों-कार्यालयों, केन्द्रों में, घरों में।
हाय, हाय! मैंने उन्हें देख लिया नंगा,
इसकी मुझे और सजा मिलेगी।

(4)

अकस्मात्
चार का गजर कहीं खड़का,
मेरा दिल धड़का,
उदास मटमैला मन रूपी वाल्मीक
विचलित।
अगिनत काली-काली हायफन-डैशों की लकीरों की हलचल
सब ओर बिखराव।
मैं अपने कमरे में यहाँ लेटा हुआ हूँ।
काले-काले शहतीर छत के
हृदय दबोचते।
यद्यपि आँगन में नल जोर मारता,
खूब खखारती पानी की धारा।
किन्तु, न शरीर में बल है
अँधेरे में गल रहा दिल यह।

एकाएक मुझे भान होता है जग का,
अखबारी दुनिया का फैलाव,
फँसाव, घिराव, तनाव है सब ओर,
पत्ते न खड़कें
सेना ने घेर ली हैं सड़कें
बुद्धि की मेरी रग
गिनती है समय की धकधक।
यह सब क्या है?
किसी जन-क्रान्ति के दमन-निमित्त यह
मार्शल लॉ है!!

दम छोड़ रहे भाग गलियों में मेरे पैर,
साँस लगी हुई है,
जमाने की जीभ निकल पड़ी है,

कोई मेरा पीछा कर रहा है लगातार।
भागता मैं दम छोड़,
घूम गया कई मोड़,
चौराहा दूर से ही दीखता,
वहाँ शायद कोई सैनिक पहरेदार
नहीं होगा फिलहाल।
दीखता है सामने ही अन्धकार-स्तूप-सा
भयंकर बरगद—
सभी उपेक्षितों, समस्त वंचितों,
गरीबों का वही घर, वही छत,
उसके ही तल-खोह-अँधेरे में सो रहे
गृहहीन कई प्राण।
अँधेरे में डूब गए
डालों में लटके जो मटमैले चिथड़े
किसी एक अति दीन
पागल के धन वे।
हाँ, वहाँ रहता है सिरफिरा कोई एक।

किन्तु, आज इस रात बात अजीब है!
वही जो सिरफिरा पागल कतई था
आज एकाएक वह
जागरित-बुद्धि है, प्रज्वलित-धी है।
छोड़ सिरफिरापन,
बहुत ऊँचे गले से,
गा रहा कोई पद, कोई गान
आत्मोद्बोधमय!!

खूब भई, खूब भई,
जानता क्या वह भी कि
सैनिक प्रशासन है नगर में वाकई!
क्या उसकी बुद्धि भी जग गई!!

(करुण रसाल वे हृदय के स्वर हैं
गद्यानुवाद यहाँ उनका दिया जा रहा)

"...ओ मेरे आदर्शवादी मन,
ओ मेरे सिद्धान्तवादी मन,
अब तक क्या किया?
जीवन क्या जिया!!
उदरम्भरि बन अनात्म बन गए,
भूतों की शादी में कनात से तन गए,
किसी व्यभिचार के बन गए बिस्तर,

दुखों के दागों को तमगों-सा पहना,
अपने ही खयालों में दिन-रात रहना,
असंग बुद्धि व अकेले में सहना,
जिन्दगी निष्क्रिय बन गई तलघर,

अब तक क्या किया,
जीवन क्या जिया!!

बताओ तो किस-किस के लिए तुम दौड़ गए,
करुणा के दृश्यों से हाय! मुँह मोड़ गए,
बन गए पत्थर;

बहुत-बहुत ज्यादा लिया,
दिया बहुत-बहुत कम;
मर गया देश, अरे, जीवित रह गए तुम!!

लोकहित-पिता को घर से निकाल दिया,
जन-मन करुणा-सी माँ को हकाल दिया,
स्वार्थों के टेरियर कुत्तों को पाल लिया,
भावना के कर्तव्य...त्याग दिए,
हृदय के मन्तव्य...मार डाले!
बुद्धि का भाल ही फोड़ दिया,
तर्कों के हाथ उखाड़ दिए,
जग गए, जाम हुए, फँस गए,
अपने ही कीचड़ में धँस गए!!

विवेक बघार डाला स्वार्थों के तेल में
आदर्श खा गए।

अब तक क्या किया,
जीवन क्या जिया,
ज्यादा लिया, और दिया बहुत-बहुत कम
मर गया देश, अरे, जीवित रह गए तुम!!"

मेरा सिर गरम है,
इसीलिए भरम है।
सपनों में चलता है आलोचन,
विचारों के चित्रों की अवलि में चिन्तन।
निजत्व—माफ है बेचैन,
क्या करूँ, किससे कहूँ,
कहाँ जाऊँ, दिल्ली या उज्जैन?

वैदिक ऋषि शुन:शेप के
शापभ्रष्ट पिता अजीगर्त समान ही
व्यक्तित्व अपना ही, अपने से खोया हुआ,
वही उसे अकस्मात् मिलता था रात में
पागल था दिन में
सिरफिरा विक्षिप्त मस्तिष्क।

हाय, हाय!
उसने भी यह क्या गा दिया,
यह उसने क्या नया ला दिया,
प्रत्यक्ष,
मैं खड़ा हो गया खुद ही के सामने
निज की ही घन छाया-मूर्ति-सा गहरा
होने लगी बहस और
लगने लगे परस्पर तमाचे।
छि:, पागलपन है,
वृथा आलोचन है।

गलियों में अन्धकार भयावह...
मानो मेरे कारण ही लग गया
मार्शल लॉ वह,
मानो मेरी निष्क्रिय संज्ञा ने संकट बुलाया,
मानो मेरे कारण ही दुर्घट
हुई यह घटना।

चक्र से चक्र लगा हुआ है...
जितना ही तीव्र है द्वन्द्व क्रियाओं घटनाओं का
बाहरी दुनिया में,
उतनी ही तेजी से भीतरी दुनिया में
चलता है द्वन्द्व कि
फिक्र से फिक्र लगी हुई है।
आज उस पागल ने मेरी चैन भुला दी,
मेरी नींद गँवा दी।

मैं इस बरगद के पास खड़ा हूँ।

मेरा यह चेहरा
धुलता है जाने किस अथाह गम्भीर, साँवले जल से,
झुके हुए गुमसुम टूटे हुए घरों के
तिमिर अतल से
धुलता है मन यह।
रात्रि के श्यामल ओस से क्षालित
कोई गुरु गम्भीर महान अस्तित्व
महकता है लगातार
मानो खँडहर-प्रसारों में उद्यान
गुलाबी-चमेली के, रात्रि-तिमिर में,
महकते हों, महकते ही रहते हों हर पल।
किन्तु वे उद्यान कहाँ हैं,
अँधेरे में पता नहीं चलता।
मात्र सुगन्ध है सब ओर,
पर, उस महक-लहर में

कोई छुपी वेदना, कोई गुप्त चिन्ता
छटपटा रही है छटपटा रही है।

(5)

एकाएक मुझे भान!!
पीछे से किसी अजनबी ने
कन्धे पर रखा हाथ।
चौंकता मैं भयानक
एकाएक थरथर रेंग गई सिर तक,
नहीं, नहीं। ऊपर से गिरकर
कन्धे पर बैठ गया बरगद-पात एक,
क्या वह संकेत, क्या वह इशारा?
क्या वह चिट्ठी है किसी की?
बरगद-आत्मा का पत्र है वह क्या?
कौन-सा इंगित?

भागता मैं दम छोड़,
घूम गया कई मोड़!!
बन्दूक धाँय-धाँय
मकानों के ऊपर प्रकाश-सा छा रहा गेरुआ।
भागता मैं दम छोड़
घूम गया कई मोड़।
घूम गई पृथ्वी, घूम गया आकाश,
और फिर, किसी एक मुँदे हुए घर की
पत्थर-सीढ़ी दिख गई, उस पर
चुपचाप बैठ गया सिर पकड़कर!!
दिमाग में चक्कर,
चक्कर...भँवरें
भँवरों के गोल-गोल केन्द्र में दीखा
स्वप्न सरीखा—
भूमि की सतहों के बहुत-बहुत नीचे
अँधियारी, एकान्त
प्राकृत गुहा एक।
विस्तृत खोह के साँवले तल में

तिमिर को भेदकर चमकते हैं पत्थर
तेजस्क्रिय रेडियो-एक्टिव रत्न भी बिखरे,
झरता है जिन पर प्रबल प्रपात एक।
प्राकृत जल वह आवेगभरा है,
द्युतिमत मणियों की अग्नियों पर से
फिसल-फिसलकर बहती हैं लहरें,
लहरों के तल में से फूटती हैं किरनें,
रत्नों की रंगीन रूपों की आभा
फूट निकलती
खोह की बेडौल भीतें हैं झिलमिल!!

पाता हूँ निज को खोह के भीतर,
विलुब्ध नेत्रों से देखता हूँ द्युतियाँ,
मणि तेजस्क्रिय हाथों में लेकर
विभोर आँखों से देखता हूँ उनको...
पाता हूँ अकस्मात्
दीप्ति में वलयित रत्न वे नहीं हैं
अनुभव, वेदना, विवेक-निष्कर्ष,
मेरे ही अपने यहाँ पड़े हुए हैं
विचारों की रक्तिम अग्नि के मणि वे
प्राण-जल-प्रपात में घुलते हैं प्रतिपल
अकेले में किरणों की गीली हैं हलचल
गीली है झिलमिल!!

हाय, हाय! मैंने उन्हें गुहा-वास दे दिया
लोक-हित क्षेत्र से कर दिया वंचित
जनोपयोग से वर्जित किया, और
निषिद्ध कर दिया
खोह में डाल दिया!

वे खतरनाक थे,
(बच्चे भीख माँगते) खैर...
यह न समय है,
जूझना ही तय है।

(6)

सीन बदलता है,
सुनसान चौराहा साँवला फैला,
बीच में वीरान गेरुआ घंटाघर,
ऊपर कत्थई बुजुर्ग गुम्बद,
साँवली हवाओं में काल टहलता है।
रात में पीले हैं चार घड़ी-चेहरे,
मिनट के काँटों की चार अलग गतियाँ
चार अलग कोण,
कि चार अलग संकेत,
(मनस् में गतिमान चार अलग गतियाँ)
खम्भों पर बिजली की गर्दनें लटकीं,
शर्म से जलते हुए बल्बों के आस-पास
बेचैन खयालों के पंखों के कीड़े
उड़ते हैं गोल-गोल
मचल-मचलकर।
घंटाघर तले ही
पंखों के टुकड़े बीट व तिनके!
गुम्बद-विवर में बैठे हुए बूढ़े
असम्भव पक्षी
बहुत तेज नजरों से देखते हैं सब ओर,
मानो कि इरादे
भयानक चमकते।
सुनसान चौराहा,
बिखरी हैं गतियाँ, बिखरी है रफ्तार,
गश्त में घूमती है कोई दुष्ट इच्छा।
भयानक सिपाही जाने किस थकी हुई झोंक में
अँधेरे में सुलगाता सिगरेट अचानक
ताँबे-से-चेहरे की ऐंठ झलकती।
पथरीली सलवट
दियासलाई की पल-भर लौ में
भयानक दीखती।
पर, उसके चेहरे का रंग बदलता है हर बार,

मानो अनपेक्षित कहीं न कुछ हो...
जाने क्या हो जाए, जाने क्या हो जाए!!
वह ताक रहा है...
संगीन-नोकों पर टिका हुआ
साँवला बन्दूक-जत्था
गोल त्रिकोण एक बनाए खड़ा जो
चौक के बीच में!!
एक ओर
टैंकों का दस्ता भी खड़े-खड़े ऊँघता,
परन्तु अड़ा है!!

भागता मैं दम छोड़,
घूम गया कई मोड़।
भागती है चप्पल, चटपट आवाज
चाँटों-सी पड़ती।
पैरों के नीचे का कीच उछलकर
चेहरे पर, छाती पर पड़ता है सहसा,
ग्लानि की मतली।
गलियों का गोल-गोल खोह-अँधेरा
चेहरे पर, आँखों पर करता है हमला।
अजीब उमस-बास
गलियों का रुँधा हुआ उच्छ्वास।
भागता हूँ दम छोड़,
घूम गया कई मोड़।
धुँधले-से आकार कहीं-कहीं दीखते,
भय के? या घर के? कह नहीं सकता
आता है अकस्मात् कोलतार रास्ता
लम्बा व चौड़ा व स्याह व ठंडा,
बेचैन आँखें ये देखती हैं सब ओर।
कहीं कोई नहीं है,
नहीं कहीं कोई भी।
श्याम आकाश में, संकेत-भाषा-सी तारों की आँखें
चमचमा रही हैं।
मेरा दिल ढिबरी-सा टिमटिमा रहा है।

कोई मुझे खींचता है रास्ते के बीच ही।
जादू से बँधा हुआ चल पड़ा उस ओर।
सपाट सूने में ऊँची-सी खड़ी जो
तिलक की पाषाण-मूर्ति है नि:संग
स्तब्ध जड़ीभूत...
देखता हूँ उसको परन्तु, ज्यों ही मैं पास पहुँचता
पाषाण-पीठिका हिलती-सी लगती
अरे, अरे, यह क्या!!
कण-कण काँप रहे जिनमें से झरते
नीले 'इलेक्ट्रॉन'
सब ओर गिर रहीं चिनगियाँ नीली
मूर्ति के तन से झरते हैं अंगार।
मुसकान पत्थरी होंठों पर काँपी,
आँखों में बिजली के फूल सुलगते।
इतने में यह क्या!!
भव्य ललाट की नासिका में से
बह रहा खून न जाने कब से
लाल-लाल गरमीला रक्त टपकता
(खून के धब्बों से भरा अँगरखा)
मानो कि अतिशय चिन्ता के कारण
मस्तक-कोष ही फूट पड़े सहसा
मस्तक-रक्त ही बह उठा नासिका में से।
हाय, हाय, पित: पित: ओ,
चिन्ता में इतने न उलझो
हम अभी जिन्दा हैं जिन्दा,
चिन्ता क्या है!
मैं उन पाषाण-मूर्ति के ठंडे
पैरों की छाती से बरबस चिपका
रुआँसा-सा होता
देह में तन गए करुणा के काँटे
छाती पर, सिर पर, बाँहों पर मेरे
गिरती हैं नीली
बिजली की चिनगियाँ,
रक्त टपकता है हृदय में मेरे

आत्मा में बहता-सा लगता
खून का तालाब।
इतने में छाती के भीतर ठक-ठक
सिर में है धड़-धड़!! कट रही हड्डी!!
फिक्र जबरदस्त!!
विवेक चलाता तीखा-सा रन्दा
चल रहा बसूला
छीले जा रहा मेरा यह निजत्व ही कोई
भयानक जिद कोई जाग उठी मेरे भी अन्दर,
कोई बड़ा भारी हठ उठ खड़ा हुआ है।

इतने में आसमान काँपा व धाँय-धाँय
बन्दूक-धड़ाका
बिजली की रफ्तार पैरों में घूम गई।
खोहों-सी गलियों के अँधेरे में एक ओर
मैं थक बैठ गया,
सोचने-विचारने।
अँधेरे में डूबे हुए मकानों के छप्परों पार से
रोने की पतली-सी आवाज
सूने में काँप रही, काँप रही दूर तक
कराहों की लहरों में पाशव प्राकृत
वेदना भयानक थरथरा रही है।

मैं उसे सुनने का करता हूँ यत्न
कि देखता क्या हूँ—
सामने मेरे
सर्दी में बोरे को ओढ़कर
कोई एक, अपने
हाथ-पैर समेटे
काँप रहा, हिल रहा!! वह मर जाएगा!!
इतने में वह सिर खोलता है सहसा
बाल बिखरते,
दीखते हैं कान कि
फिर मुँह खोलता है, वह कुछ

बुदबुदा रहा है,
किन्तु, मैं सुनता ही नहीं हूँ।
ध्यान से देखता हूँ—वह कोई परिचित,
जिसे खूब देखा था, निरखा था कई बार
पर, पाया नहीं था।
अरे हाँ, वह तो...
विचार उठते ही दब गए
सोचने का साहस सब चला गया है।
वह मुख—अरे, वह मुख, वे गांधी जी!!
इस तरह पंगु!!
आश्चर्य!!
नहीं, नहीं, वे जाँच-पड़ताल
सुरागरसी-सी कुछ
करते हैं चुपचाप।
रूप बदलकर।

अँधेरे की स्याही में डूबे हुए देव को सम्मुख पाकर
मैं अति दीन हो जाता हूँ पास कि
बिजली का झटका
कहता है—"भाग जा, हट जा
हम हैं गुजर गए जमाने के चेहरे
आगे तू बढ़ जा।"
किन्तु, मैं देखा किया उस मुख को।
गम्भीर दृढ़ता की सलवटें वैसी ही,
शब्दों में गुरुता।
वे कह रहे हैं—
"दुनिया न कचरे का ढेर कि जिस पर
दानों को चुगने चढ़ा हुआ कोई भी कुक्कुट
कोई भी मुर्गा
यदि बाँग दे उठे जोरदार
बन जाए मसीहा"
वे कह रहे हैं—
"मिट्टी के लोंदे में किरणीले कण-कण
गुण हैं,

जनता के गुणों से ही सम्भव
भावी का उद्‌भव"
गम्भीर शब्द वे और आगे बढ़ गए,
जाने क्या कह गए!!
मैं अति उद्विग्न!

एकाएक उठ पड़ा आत्मा का पिंजर
मूर्ति की ठठरी।
नाक पर चश्मा, हाथ में डंडा,
कन्धे पर बोरा, बाँह में बच्चा।
आश्चर्य!! अद्‌भुत! यह शिशु कैसे!!
मुस्करा उस द्युति-पुरुष ने कहा तब—
"मेरे पास चुपचाप सोया हुआ यह था।
सँभालना इसको, सुरक्षित रखना।"

मैं कुछ कहने को होता हूँ, इतने में वहाँ पर
कहीं कोई नहीं है, कहीं कोई नहीं है।
और ज्यादा गहरा व और ज्यादा अकेला
अँधेरे का फैलाव!
बालक लिपटा है मेरे इस गले से चुपचाप,
छाती से कन्धे से चिपका है नन्हा-सा आकाश
स्पर्श है सुकुमार प्यारभरा कोमल,
किन्तु, है भार का गम्भीर अनुभव।
भावी की गन्ध और दूरियाँ अँधेरी,
आकाशी तारों को साथ लिये हुए मैं
चला जा रहा हूँ
घुसता ही जाता हूँ फासलों की खोहों की तहों में।

सहसा रो उठा कन्धे पर वह शिशु
अरे, अरे, वह स्वर अतिशय परिचित!!
पहले भी कई बार कहीं तो भी सुना था,
उसमें तो स्फोटक क्षोभ का आवेग,
गहरी है शिकायत,
क्रोध भयंकर।

मुझे डर, यदि कोई वह स्वर सुन ले।
हम दोनों फिर कहीं नहीं रह सकेंगे।
मैं पुचकारता हूँ, बहुत दुलारता;
समझाने के लिए तब गाता हूँ गाने,
अधभूली लोरी ही होंठों से फूटती!
मैं चुप करने की जितनी भी करता हूँ कोशिश
और-और चीखता है क्रोध से लगातार!!
गीले-गीले अंगार टपकते हैं मुझ पर।

किन्तु, न जाने क्यों बहुत प्रसन्न हूँ।
(जिसको न मैं इस जीवन में कर पाया,
वह कर रहा है)
मैं शिशु-पीठ को थपथपा रहा हूँ,
आत्मा है गीली।
पैर आगे बढ़ रहे, मन आगे जा रहा।

डूबता हूँ मैं किसी भीतरी सोच में...
हृदय की थाह में रक्त का तालाब,
रक्त में डूबी हैं द्युतिमान मणियाँ,
रुधिर से फूट रहीं लाल-लाल किरणें,
अनुभव रक्त में डूबे हैं संकल्प,
और ये संकल्प
चलते हैं साथ-साथ।
अँधियारी गलियों में चला जा रहा हूँ।

इतने में पाता हूँ अँधेरे में सहसा
कन्धे पर कुछ नहीं!! वह शिशु
चला गया जाने कहाँ,
और अब उसके ही स्थान पर
मात्र हैं सूरजमुखी फूल-गुच्छे।
उन स्वर्ण-पुष्पों से प्रकाश-विकिरण
कन्धों पर, सिर पर, गालों पर, तन पर,
रास्ते पर, फैले हैं किरणों के कण-कण।

भई वाह, यह खूब!!
इतने में गली एक आ गई और मैं
दरवाजा खुला हुआ देखता।
जीना है अँधेरा।
कहीं कोई ढिबरी-सी टिमटिमा रही है।
मैं बढ़ रहा हूँ
कन्धों पर फूलों के लम्बे वे गुच्छे
क्या हुए, कहाँ गए?
कन्धे क्यों वजन से दुख रहे सहसा।
ओ हो!!
बन्दूक आ गई
वाह वा!!
वजनदार रायफल,
भई खूब!!

खुला-खुला कमरा है साँवली हवा है,
झाँकते हैं खिड़की से, अँधेरे में टँके हुए सितारे
फैली है बर्फीली साँस-सी, वीरान
तितर-बितर सब फैला है सामान।
बीच में ही कोई जमीन पर पसरा
फैलाए बाँहें, ढह पड़ा आखिर।
मैं देह के चेहरे पर फैलाता टॉर्च कि यह क्या—
खूनभरे बाल में उलझा है माथा,
भौंहों के बीच में गोली का सूराख,
खून का परदा-सा गालों पर फैला,
होंठों पर सूखी है कत्थई धारा,
फूटा है चश्मा, नाक है सीधी,
ओफ्फो! एकान्त-प्रिय यह मेरा
परिचित व्यक्ति है, वही, हाँ
सचाई थी सिर्फ एक अहसास
वह कलाकार था
गलियों के अँधेरे का, हृदय में भार था
पर, कार्य-क्षमता से वंचित व्यक्तित्व
चलाता था अपना असंग अस्तित्व।

सुकुमार मानवीय हृदयों के अपने
शुचितर विश्व के मात्र थे सपने।
स्वप्न व ज्ञान व जीवनानुभव जो
हलचल करता था रह-रह दिल में,
किसी को भी दे नहीं पाया था वह तो।
शून्य के जल में डूब गया नीरव
हो नहीं पाया उपयोग उसका।
किन्तु न जाने किस झोंक में क्या कर गुजरा कि
सन्देहास्पद समझा गया और
मारा गया वह बधिकों के हाथों।
मुक्ति का इच्छुक तृषार्त अन्तर
मुक्ति के यत्नों के साथ निरन्तर
सबका था प्यारा,
अपने में द्युतिमान।
उसका यों वध हुआ,
मर गया एक युग,
मर गया एक जीवनादर्श!!
इतने में मुझको ही चिढ़ाता है कोई।
सवाल है—मैं क्या करता था अब तक,
भागता फिरता था सब ओर।
(फजूल है इस वक्त कोसना खुद को)
एकदम जरूरी—दोस्तों को खोजूँ
पाऊँ मैं नए-नए सहचर
सकर्मक सत्-चित्-वेदना-भास्वर!!

जीने से उतरा,
एकाएक विद्रूप रूपों से घिर गया सहसा,
पकड़ मशीन-सी,
भयानक आकार घेरते हैं मुझको,
मैं आततायी सत्ता के सम्मुख।

एकाएक हृदय धड़ककर रुक गया, क्या हुआ!!
भयानक सनसनी।
पकड़कर कॉलर गला दबाया गया।

चाँटे से कनपटी टूटी कि यह क्या
त्वचा उखड़ गई गाल की पूरी।
कान में भर गई
भयानक अनहद-नाद की भन-भन।
आँखों में तैरीं
रक्तिम तितलियाँ; चिनगियाँ नीली।
सामने उगते-डूबते धुँधले
कुहरिल वर्तुल,
जिनका कि चक्रिल केन्द्र ही फैलता जाता
उस फैलाव में दीखते मुझको
धँस रहे, गिर रहे बड़े-बड़े टॉवर
घुँघराला धुआँ गेरुई ज्वाला।
हृदय में भगदड़—
सम्मुख दीखा
उजाड़ बंजर टीले पर सहसा
रो उठा कोई, रो रहा कोई
भागता कोई सहायता देने।
(अन्तर्तत्त्वों का पुन:प्रबन्ध और पुनर्व्यवस्था
पुनर्गठन-सा होता जा रहा)

दृश्य ही बदला, चित्र बदल गया
जबरन ले जाया गया मैं गहरे
अँधियारे कमरे के स्याह सिफर में।
टूटे-से स्टूल पर बिठाया गया हूँ।
शीश की हड्डी जा रही तोड़ी।
लोहे की कील पर बड़े हथौड़े
पड़ रहे लगातार।
शीश का मोटा अस्थि-कवच ही निकाल डाला।
देखा जा रहा—
मस्तक-यंत्र में कौन-से विचारों की कौन-सी ऊर्जा,
कौन-सी शिरा में कौन-सी धकधक,
कौन-सी रग में कौन-सी फुरफुरी,
कहाँ है पश्यत्-कैमरा जिसमें
तथ्यों के जीवन-दृश्य उतरते,

कहाँ-कहाँ सच्चे सपनों के आशय
कहाँ-कहाँ क्षोभक-स्फोटक सामान!
भीतर कहीं पर गड़े हुए गहरे
तलघर अन्दर
छुपे हुए छापाखाने को खोजो।
जहाँ कि चुपचाप खयालों के पर्चे
छपते रहते हैं (बाँटे जाते)
इस संस्था के मंत्री को खोजो
शायद, उसका ही नाम हो आस्था,
कहाँ है सरगना इस टुकड़ी का
कहाँ है आत्मा?
(और, मैं सुनता हूँ चिढ़ी हुई ऊँची
खिजलाई आवाज)
स्क्रीनिंग करो...मिस्टर गुप्ता,
क्रास एक्जामिन हिम थॉरोली!!

चाबुक-चमकार
पीठ पर यद्यपि
उखड़े चर्म की कत्थई-रक्तिम रेखाएँ उभरीं
पर, यह आत्मा कुशल बहुत है,
देह में रेंग रही संवेदना के
झनझन तारों को जबरन
समेटकर सब वह
वेदना-विस्तार करके इकट्ठा
मेरा मन यह, जोर लगाकर,
बलात् उनकी छोटी-सी कड्ढी
गठान बाँधता सख्त व मजबूत
मानो कि पत्थर।
जोर लगाकर,
उसी गठान को हथेलियों से
करता है चूर-चूर,
धूल में बिखरा देता है उसको।
मन यह हटता है देह की हद से
जाता है कहीं पर अलग जगत् में

विचित्र क्षण है,
सिर्फ हूँ जादू,
मात्र मैं बिजली
यद्यपि खोह में खूँटे से बँधा हूँ,
दैत्य हैं आस-पास
किन्तु मैं बहुत दूर मीलों के पार वहाँ
गिरता हूँ चुपचाप पत्र के रूप में
किसी एक जेब में
वह जेब...
किसी एक फटे हुए मन की।

समस्वर, समताल,
सहानुभूति की सनसनी कोमल!!
हम कहाँ नहीं हैं,
सभी जगह मन।
निजता हमारी!
भीतर-भीतर बिजली के जीवित
तारों के जाले,
ज्वलन्त तारों की भीषण गुत्थी,
बाहर-बाहर धूल-सी भूरी
जमीन की पपड़ी।
अग्नि को लेकर मस्तक हिमवत्;
उग्र प्रभंजन लेकर, उर यह
बिलकुल निश्चल।
भीषण शक्ति को धारण करके
आत्मा की पोशाक दीन व मैली।
विचित्र रूपों को धारण करके
चलता है जीवन, लक्ष्यों के पथ पर।
रिहा!!
छोड़ दिया गया!!
अब छाया-मुख कई करते हैं पीछा,
श्यामाकार न छोड़ते हैं मुझको,
जहाँ गया, जहाँ रुका, जहाँ चला, वहाँ पर
भौंहों के नीचे के रहस्यमय छेद

मारते हैं संगीन—
दृष्टि की पत्थरी चमक है पैनी।

मुझे अब खोजने होंगे साथी—
काले गुलाब व स्याह सिवन्ती,
श्याम चमेली,
सँवलाए कमल जो खोहों के जल में,
भूमि के भीतर पाताल तल में
खिले हुए कब से भेजते हैं संकेत
सुझाव-सन्देश भेजते रहते!!

इतने में सहसा दूर क्षितिज पर
दीखते हैं मुझको
बिजली की नंगी लताओं से झर रहे
सफेद नीले मोतिया चम्पई फूल गुलाबी;
उठते हैं वहीं पर हाथ अकस्मात्
अग्नि के फूलों को समेटने लगते।
मैं उन्हें देखने लगता हूँ एकटक;
अचानक विचित्र स्फूर्ति से मैं भी
जमीन पर पड़े हुए चमकीले पत्थर
लगातार चुनकर
बिजली के फूल बनाने की कोशिश
करता हूँ। रश्मि-विकीरण—
मेरे भी प्रस्तर करते हैं प्रतिक्षण।
तेजस्क्रिय मणि-रत्न रत्न हैं ये भी।
बिजली के फूलों की भाँति ही
यत्न हैं वे भी,
किन्तु, असन्तोष मुझको है गहरा,
शब्दाभिव्यक्ति—अभाव का संकेत।
काव्य-चमत्कार उतना ही रंगीन
परन्तु, ठंडा।
मेरे भी फूल हैं तेजस्क्रिय, पर
अतिशय शीतल।
मुझको तो बेचैन बिजली की नीली

ज्वलन्त बाँहों में बाँहों को उलझा
करनी है उतनी ही प्रदीप्त लीला
आकाश-भर में साथ-साथ उसके घूमना है मुझको
मेरे पास न रंग है बिजली का गौर कि
भीमाकार हूँ मेघ मैं काला
परन्तु, मुझमें है गम्भीर आवेश
अथाह प्रेरणास्रोत का संयम।
अरे, इन रंगीन पत्थर-फूलों से मेरा
काम नहीं चलेगा!!
क्या कहूँ,
मस्तक-कुंड में जलती
सत्-चित्-वेदना—सचाई व गलती—
मस्तक-शिराओं में तनाव दिन-रात।

अब अभिव्यक्ति के सारे खतरे
उठाने ही होंगे।
तोड़ने होंगे ही मठ और गढ़ सब।
पहुँचाना होगा दुर्गम पहाड़ों के उस पार
तब कहीं देखने मिलेंगी हमको
नीली झील की लहरीली थाहें
जिसमें कि प्रतिपल काँपता रहता
अरुण कमल एक,
धँसना ही होगा
झील के हिम-शीत सुनील जल में
जादुई झील को करनी ही होगी मेरी प्रतीक्षा।

(7)

चाँद उग आया है
गलियों की आकाशी लम्बी-सी चीर में
तिरछी है किरणों की मार
उस नीम पर
जिसके कि नीचे
मिट्टी के गोल चबूतरे पर, नीली
चाँदनी में कोई दीया सुनहला

जलता है मानो कि स्वप्न ही साक्षात्।
मकानों के बड़े-बड़े खँडहर जिनके कि सूने
मटियाले भागों में खिलती ही रहती
महकती रातरानी फूलभरी जवानी में लज्जित
तारों की टकटकी अच्छी न लगती।
भागता मैं दम छोड़,
घूम गया कई मोड़,
टूटी हुई भीतों के उस पार कहीं पर
बहस गरम है
दिमाग में जान है, दिलों में दम है
सत्य से सत्ता के युद्ध का रंग है,
पर, कमजोरियाँ सब मेरे संग हैं;
पाता हूँ सहसा—
अँधेरे की सुरंग-गलियों में चुपचाप
चलते हैं लोग-बाग
दृढ़-पद गम्भीर,
बालक युवागण
मन्द-गति नीरव
किसी निज भीतरी बात में व्यस्त हैं,
कोई आग जल रही कहीं तो भी अन्तस्थ।

विचित्र अनुभव!!
जितना मैं लोगों की पाँतों को पार कर
बढ़ता हूँ आगे,
उतना ही पीछे मैं रहता हूँ अकेला,
पश्चात-पद हूँ।
पर, एक रेला और
पीछे से चला और
अब मेरे साथ है!
आश्चर्य!! अद्भुत!!
लोगों की मुट्ठियाँ बँधी हैं।
उँगली-सन्धि से फूट रहीं किरनें
लाल-लाल,
यह क्या!!

मेरे ही विक्षोभ-मणियों को लिये वे,
मेरे ही विवेक-रत्नों को लेकर,
बढ़ रहे लोग अँधेरे में सोत्साह।
किन्तु मैं अकेला
बौद्धिक जुगाली में अपने से दुकेला।

गलियों के अँधेरे में मैं भाग रहा हूँ;
इतने में चुपचाप कोई एक
दे जाता पर्चा,
कोई गुप्त शक्ति
हृदय में चुपचाप करती है चर्चा!!
मैं बहुत ध्यान से पढ़ता हूँ उसको।
आश्चर्य!
उसमें तो मेरे ही गुप्त विचार व
दबी हुई संवेदनाएँ व अनुभव
पीड़ाएँ जगमगा रही हैं।
यह सब क्या है!!

आसमान झाँकता है उन स्याह लकीरों के बीच-बीच
वाक्यों की पाँतों में आकाश-गंगा-सी फैली
शब्दों के व्यूहों में झिलमिल नक्षत्र
और उन तारक दलों में तो खिलता है आँगन
जिसमें कि चम्पा के फूल चमकते
और उन पुष्पों के अन्तस्तल में
प्राण-समस्या का कोई हल है।

पर्चा पढ़ते हुए उड़ता हूँ हवा में,
चक्रवात-गतियों में घूमता हूँ नभ भर,
जमीन पर एक साथ
सर्वत्र सचेत उपस्थित।
प्रत्येक स्थान पर लगा हूँ मैं काम में,
प्रत्येक चौराहे, दुराहे व राहों के मोड़ पर
सड़क पर खड़ा हूँ,
मनाता हूँ, मानता हूँ, मनवाता अड़ा हूँ!!

और तब दिक्काल-दूरियाँ
अपने ही देश के नक्शे-सी टँगी हुई
रंगी हुई लगतीं!!
स्वप्नों की कोमल किरनों का पानी
घनीभूत संघनित द्युतिमान
शिलाओं में परिणत,
ये सब दृढ़ीभूत कर्म-शिलाएँ हैं
जिनसे कि स्वप्नों की मूर्ति बनेगी
सस्मित सुखकर
जिसमें से उद्गत क्रियाशील किरनें
ब्रह्मांड भर में नापेंगी सब कुछ!
सचमुच, मुझको तो जिन्दगी-सरहद
सूर्यों के प्रांगण पार भी जाती-सी दीखती!!
मैं परिणत हूँ,
कविता में कहने की आदत नहीं, पर कह दूँ
वर्तमान समाज चल नहीं सकता।
पूँजी से जुड़ा हुआ हृदय बदल नहीं सकता,
स्वातंत्र्य व्यक्ति का वादी
छल नहीं सकता मुक्ति के मन को,
जन को।

(8)

एकाएक हृदय धड़ककर रुक गया, क्या हुआ!!
नगर से भयानक धुआँ उठ रहा है,
कहीं आग लग गई, कहीं गोली चल गई।
सड़कों पर मरा हुआ फैला है सुनसान,
हवाओं में अदृश्य ज्वाला की गरमी
गरमी का आवेश।
साथ-साथ घूमते हैं, साथ-साथ रहते हैं,
साथ-साथ सोते हैं, खाते हैं, पीते हैं
जन-मन-उद्देश्य!!
पथरीले चेहरों की खाकी ये कसी ड्रेस
घूमते हैं यंत्रवत्,

बेपहचाने-से लगते हैं वाकई
कहीं आग लग गई, कहीं गोली चल गई!!

सब चुप, साहित्यिक चुप और कविजन निर्वाक्
चिन्तक, शिल्पकार, नर्तक चुप हैं;
उनके खयाल से यह सब गप है
मात्र किंवदन्ती।
रक्तपायी वर्ग से नाभिनाल-बद्ध ये सब लोग
नपुंसक भोग-शिरा-जालों में उलझे,
प्रश्न की उथली-सी पहचान
राह से अनजान
वाक् रुदन्ती।
चढ़ गया उर पर कहीं कोई निर्दयी,
कहीं आग लग गई, कहीं गोली चल गई।

भव्याकार भवनों के विवरों में छिप गए
समाचार-पत्रों के पतियों के मुख स्थूल।
गढ़े जाते संवाद,
गढ़ी जाती समीक्षा,
गढ़ी जाती टिप्पणी जन-मन-उर-शूल।
बौद्धिक वर्ग है क्रीतदास,
किराए के विचारों का उद्भास।
बड़े-बड़े चेहरों पर स्याहियाँ पुत गईं।
नपुंसक श्रद्धा
सड़क के नीचे की गटर में छिप गई,
कहीं आग लग गई, कहीं गोली चल गई।

धुएँ के जहरीले मेघों के नीचे ही हर बार
द्रुत निज विश्लेष-गतियाँ,
एक सूक्ष्म पल में शत साक्षात्कार।
टूटते हैं धोखों से भरे हुए सपने।
रक्त में बहती हैं ज्ञान की किरनें
विश्व की मूर्ति की आत्मा ही ढल गई,
कहीं आग लग गई, कहीं गोली चल गई।

राह के पत्थर-ढोंकों के अन्दर
पहाड़ों के झरने
तड़पने लग गए।
मिट्टी के लोंदे के भीतर
भक्ति की अग्नि का उद्रेक
भड़कने लग गया।
धूल के कण में
अनहद नाद का कम्पन
खतरनाक!!
मकानों की छत से
गाडर कूद पड़े
धम से!
घूम उठे खम्भे
भयानक वेग से चल पड़े हवा में।
दादा का सोंटा भी करता है दाँव-पेच,
गगन में नाच रही कक्का की लाठी।
यहाँ तक कि बच्चे की पेंपें भी उड़तीं,
तेजी से लहराती घूमती
मुन्ने की सलेट-पट्टी।
एक-एक वस्तु या एक-एक प्राणाग्नि-बम है,
ये परमास्त्र हैं, प्रक्षेपास्त्र हैं, यम हैं।
शून्याकाश में से होते हुए वे
अरे, अरि पर ही टूट पड़े अनिवार।
यह कथा नहीं है, यह सब सच है, हाँ भई!!
कहीं आग लग गई, कहीं गोली चल गई!!

किसी एक बलवान तम-श्यांम लुहार ने बनाया
कंडों का वर्तुल ज्वलन्त मंडल।
स्वर्णिम कमलों की पाँखुरी-जैसी ही
ज्वालाएँ उठती हैं उससे,
और उस गोल-गोल ज्वलन्त रेखा में रखा
लोहे का चक्का
चिनगियाँ स्वर्णिम नीली व लाल-लाल

फूलों-सी खिलतीं।
कुछ बलवान जन साँवले मुख के
चढ़ा रहे लकड़ी के चक्के पर जबरन
लाल-लाल लोहे की गोल-गोल पट्टी
घन मार घन मार,
उसी प्रकार अब
आत्मा के चक्के पर चढ़ाया जा रहा
संकल्प-शक्ति के लोहे का मजबूत
ज्वलन्त टायर!!
अब युग बदला है वाकई,
कहीं आग लग गई, कहीं गोली चल गई।

गेरुआ मौसम, उड़ते हैं अंगार,
जंगल जल रहे जिन्दगी के अब
जिनके कि ज्वलंत प्रकाशित भीषण
कुलों से बहतीं वेदना नदियाँ
जिनके कि जल में
सचेत होकर सैकड़ों सदियाँ ज्वलन्त अपने
बिम्ब प्रसारित करती हैं प्रतिपल।
वेदना-नदियाँ
जिनमें कि डूबे हैं, युगानुयुग से
पिताओं की चिन्ता का उद्विग्न रंग भी
विवेक-पीड़ा की ग़हराई बे़चैन,
डूबा है जिसमें श्रमिक का सन्ताप।
माँओं के आँसू।
वह जल पीकर,
मेरे युवकों में व्यक्तित्वान्तर,
त्रिभिन्न क्षेत्रों में कई तरह से क़रते हैं संगर,
मानो कि ज्वाला-पंखुरी-दल में घिरे हुए वे सब
अग्नि-कमल के केन्द्र में बैठे।
द्रुत-वेग बहती हैं शक्तियाँ निश्चयी।
कहीं आग लग गई,
कहीं गोली चल गई!!

एकाएक फिर स्वप्न-भंग
बिखर गए चित्र कि मैं फिर अकेला।
मस्तिष्क-हृदय में गहरे व बारीक छेदों से भर गए।
पर, उन रंध्रों के दुखों में गहरा
प्रदीप्त ज्योति का रस बस गया है।
मैं उन सपनों का खोजता हूँ आशय,
अर्थों की वेदना घिरती है मन में।
अजीब झमेला।
घूमता है मन उन भावों के घावों के आस-पास
आत्मा में चमकीली प्यास भर गई है।
जग भर दीखती हैं सुनहली तसवीरें मुझको
मानो कि कल रात किसी अनपेक्षित क्षण में ही सहसा
प्रेम कर लिया हो मनोहर मुख से
जीवन भर के लिए!!
मानो कि उस क्षण
अतिशय मृदु किन्हीं बाँहों ने आकर
कस लिया था मुझको
उस स्वप्न-स्पर्श की, चुम्बन-घटना की याद आ रही है,
याद आ रही है!!
अज्ञात प्रणयिनी कौन थी, कौन थी?

कमरे में सुबह की धूप आ गई है,
गैलरी में फैला है सुनहला रवि-छोर
क्या कोई प्रेमिका सचमुच मिलेगी?
हाय! यह वेदना स्नेह की गहरी
जाग गई क्योंकर?

सब ओर विद्युत्तरंगीय हलचल
चुम्बकीय आकर्षण।
प्रत्येक वस्तु का निज-निज आलोक,
मानो कि अलग-अलग फूलों के रंगीन
अलग-अलग वातावरण हैं बेमाप,
प्रत्येक अर्थ की छाया में दूसरा, आशय
झिलमिला रहा-सा

डेस्क पर रखे हुए महान् ग्रन्थों के लेखक
मेरी इन मानसिक क्रियाओं के बन गए प्रेक्षक,
मेरे इस कमरे में आकाश उतरा,
मन यह गगन की वायु में सिहरा।
उठता हूँ, जाता हूँ, गैलरी में खड़ा हूँ।
एकाएक वह व्यक्ति...
सामने
गलियों में, सड़कों पर, लोगों की भीड़ में
चला जा रहा है।
वही जन जिसे मैंने देखा था गुहा में।
धड़कता है दिल
कि पुकारने को खुलता है मुँह
कि अकस्मात्...
वह दिखा, वह दिखा
वह फिर खो गया किसी जन-यूथ में...
उठी हुई बाँह यह उठी हुई रह गई!!

अन-खोजी निज समृद्धि का वह परम उत्कर्ष,
परम अभिव्यक्ति...
मैं उसका शिष्य हूँ
वह मेरी गुरु है,
गुरु है!!

वह मेरे पास कभी बैठा ही नहीं था,
वह मेरे पास कभी आया ही नहीं था,
तिलिस्मी खोह में देखा था एक बार,
आखिरी बार ही।
पर, वह जगत् की गलियों में घूमता है प्रतिपल
वह फटे-हाल रूप।
विद्युत्लहरिल वही गतिमयता,
उद्विग्न ज्ञान-तनाव वह
सकर्मक प्रेम की वह अतिशयता
वही फटे-हाल रूप!!
परम अभिव्यक्ति

अविरत घूमती है जग में
पता नहीं जाने कहाँ, जाने कहाँ
वह है।
इसीलिए मैं हर गली में
और हर सड़क पर
झाँक-झाँक देखता हूँ हर एक चेहरा,
प्रत्येक गतिविधि,
प्रत्येक चरित्र,
व हर एक आत्मा का इतिहास,
हर एक देश व राजनीतिक स्थिति और परिवेश
प्रत्येक मानवीय स्वानुभूत आदर्श
विवेक-प्रक्रिया, क्रियागत परिणति!!
खोजता हूँ पठार...पहाड़...समुन्दर
जहाँ मिल सके मुझे
मेरी वह खोई हुई
परम अभिव्यक्ति अनिवार
आत्म-सम्भवा।

❂